中德先进职业教育合作项目（sgave项目）建设成果　　职业院校新能源汽车专业通用教材
湖州市"十四五"一流专业（新能源汽车技术）建设成果

XIN NENG YUAN QI CHE SHI YONG YU WEI HU

新能源汽车使用与维护（数智版）

主　编　黄　锋　陈叶叶
副主编　范天赐　赵若愚　徐帅兵　沈夏威　朱汉楼
参　编　屈钲翔　盛　琦　梁碧君
主　审　何彦虎
技术支持单位　上海景格科技股份有限公司
　　　　　　　广州车拉夫汽车科技有限公司

华东师范大学出版社
·上海·

图书在版编目（CIP）数据

新能源汽车使用与维护 / 黄锋，陈叶叶主编.
上海：华东师范大学出版社，2024. -- ISBN 978-7
-5760-5170-4
Ⅰ. U469.7
中国国家版本馆 CIP 数据核字第 20246G3Z93 号

新能源汽车使用与维护

主　　编　黄　锋　陈叶叶
责任编辑　李　琴
特约审读　李秋月
责任校对　陈梦雅　时东明
装帧设计　庄玉侠

出版发行　华东师范大学出版社
社　　址　上海市中山北路 3663 号　邮编 200062
网　　址　www.ecnupress.com.cn
电　　话　021-60821666　行政传真 021-62572105
客服电话　021-62865537　门市（邮购）电话 021-62869887
地　　址　上海市中山北路 3663 号华东师范大学校内先锋路口
网　　店　http://hdsdcbs.tmall.com

印　刷　者　上海四维数字图文有限公司
开　　本　787 毫米×1092 毫米　1/16
印　　张　14.5
字　　数　336 千字
版　　次　2025 年 3 月第 1 版
印　　次　2025 年 3 月第 1 次
书　　号　ISBN 978-7-5760-5170-4
定　　价　49.80 元

出 版 人　王　焰

（如发现本版图书有印订质量问题，请寄回本社客服中心调换或电话 021-62865537 联系）

前言 QIANYAN

　　党的二十大报告指出"加快建设制造强国、质量强国、航天强国、交通强国、网络强国、数字中国"。汽车产业是交通强国的重要组成部分,近几年我国汽车销售量不断提升,新能源汽车产业快速发展。为了满足新形势下对新能源汽车专业人才培养的需求,我们编写了这本《新能源汽车使用与维护》。本教材的编写以学生为中心,通过以工作任务为目标的培养方式,力求做到学生知识、能力、素质的协调发展。

　　本教材具有如下特点:

　　(1) 内容丰富:本教材包括新能源汽车认知及使用、新能源汽车维护作业工具使用及安全作业规范、新能源汽车维护保养规范、新能源汽车系统维护、新能源汽车事故急救及日常保养5个项目,为了便于学生更好地进行新能源汽车使用与维护相关知识的学习,在教材的编写中穿插了很多图片、表格,并配备了相应的习题。

　　(2) 能力本位:本教材的每个任务都配有相应的实训项目,并设定了知识与技能目标,增强了训练的目的性与针对性,力求进一步提高学生动手操作能力。

　　(3) 岗课赛证:本教材的编写结合新能源汽车企业岗位需求,以真实工作任务为引领,课程聚焦汽车产业升级的新业态,对接智能新能源汽车技术"1+X"职业技能等级证书、全国职业院校技能大赛汽车故障检修赛项要点,是岗课赛证融通教材的新尝试。

　　(4) 融合创新:以二维码形式融合微课视频等数字资源,并推出了配套的资源包(电子教案、PPT等），实现了教学资源与教学内容的有效对接，为特色鲜明的融合创新一体化教材。

（5）工匠精神培育：技术工人队伍是推动高质量发展的重要力量。党的二十大报告指出，要加快建设国家战略人才力量，努力培养造就更多大国工匠、高技能人才。工匠精神是社会文明进步的重要尺度，是中国制造前行的精神源泉，是企业竞争发展的品牌资本，是员工个人成长的道德指引。本教材在每个项目都配有"素养加油站"板块，给出了典型汽车类工匠的成长故事，于无声处促进学生工匠精神培育和践行。

本教材可作为职业院校新能源汽车技术专业的教学用书，也可作为汽车维修专业培训用书和相关技术人员的参考书。

本教材由黄锋、陈叶叶担任主编，范天赐、赵若愚、徐帅兵、沈夏威、朱汉楼担任副主编，屈钲翔、盛琦、梁碧君参编。上海景格科技股份有限公司和广州车拉夫汽车科技有限公司为本教材提供了动画制作、视频拍摄等技术支持，在此一并表示感谢。

在本教材编写的过程中，编者参阅了大量的文章、教材、网站资料等，在此对相关作者表示感谢。由于编者水平有限，书中难免有不足之处，敬请同行、专家和广大读者指正。

编　者

2024 年 9 月

目录 MU LU

▶ 微课视频

跨接起动 / 26
应急开启车门和应急启动的操作 / 28
更换遥控器电池 / 29
电气危害及触电急救操作方法 / 37

▶ 微课视频

举升机的使用 / 52
故障诊断仪的使用 / 57
绝缘电阻测试仪的使用 / 60
示波器的使用 / 61
新能源汽车维护与保养作业安全规范 / 67
新能源汽车常见十大错误操作及危害 / 67
维修插头结构与工作原理 / 78
高压蓄电池标准断电、验电操作流程 / 80
高压部件的识别 / 81
新能源汽车维护与保养认知 / 114
新车磨合期使用注意事项 / 116

▶ 微课视频

比亚迪·秦动力电池包组成 / 131
分布式电池管理系统组成 / 132
高压配电箱结构 / 133
高压配电箱功用 / 133
高压互锁检测开关工作原理（比亚迪·秦）/ 135
纯电动汽车电源系统维护 / 140
拆卸动力蓄电池总成 / 141
安装动力蓄电池总成 / 141
比亚迪 E5 驱动系统结构 / 146
比亚迪 E5 驱动电机结构 / 147
纯电动汽车驱动系统维护 / 151

项目一 新能源汽车使用与应急处理	1
任务一 新能源汽车正确驾驶	2
任务二 新能源汽车事故救援	15
任务三 新能源汽车故障应急处理	25

项目二 新能源汽车维护准备工作	49
任务一 新能源汽车维护工具使用	50
任务二 新能源汽车维护保养操作规范	75
任务三 新能源汽车维护	113

项目三 新能源汽车电驱动系统维护	129
任务一 动力电池维护	130
任务二 驱动系统维护	146
任务三 冷却系统维护	157

项目四 高压辅助器件维护	165
任务一 DC/DC 变换器维护	166
任务二 车载充电机维护	175
任务三 高压部件维护	187

纯电动汽车电机和控制器冷却系统工作原理 / 158

纯电动汽车电池冷却系统工作原理 / 159

▶ 微课视频

比亚迪 E5 高压电控总成组成 / 187

纯电动汽车控制系统维护 / 188

▶ 微课视频

纯电动汽车电动助力转向系统组成 / 197

转向系统维护 / 198

液压制动系统基本组成 / 205

制动系统维护 / 206

制动系统前后摩擦片检查 / 209

空调系统维护 / 217

新能源汽车空调系统工作过程 / 218

项目五　新能源汽车辅助系统维护　　195

任务一　转向系统维护　　196

任务二　制动系统维护　　204

任务三　空调系统维护　　214

参考文献　　224

项目一　新能源汽车使用与应急处理

新能源汽车产业是我国国民经济的重要组成部分,是推动新一轮科技革命和产业变革的重要力量。我国汽车产销规模在过去20年间飞速增长,已连续12年稳居全球第一。2023年,我国汽车出口量超520万辆,超越日本成为全球第一大汽车出口国。本项目旨在为学生提供一个全面的新能源汽车入门指南,包含三个核心任务,分别从不同角度帮助学生建立对新能源汽车的深刻理解。

首先,"新能源汽车正确驾驶"任务将介绍新能源汽车的起动方法、仪表指示灯的含义等,让学生熟悉日常驾驶技巧。其次,"新能源汽车事故救援"任务将详细阐述新能源汽车事故特点,以及对应的救援工作开展。最后,"新能源汽车故障应急处理"任务将介绍在紧急情况下如何进行应急处理。

通过本项目的学习,我们将能够全面了解新能源汽车的相关知识,为后续的深入学习打下坚实的基础。

```
新能源汽车使用与应急处理 ┬── 新能源汽车正确驾驶
                        ├── 新能源汽车事故救援
                        └── 新能源汽车故障应急处理
```

任务一　新能源汽车正确驾驶

教学目标

· 知识目标
（1）了解新能源汽车起动方法。
（2）熟悉电动汽车换挡方式、换挡设置和仪表盘。

· 技能目标
（1）能叙述新能源汽车换挡方式和换挡位置。
（2）能叙述新能源汽车仪表盘中各指示灯的含义。

· 素质目标
（1）培养学生在操作过程中的团队合作、项目沟通能力。
（2）培养学生的批判性思维和创新意识。

情境导入

赵倩在一家4S店实习，某天一位客户想购买大众ID.4车型，试车的时候发现该车和传统燃油车在驾驶方法上有很多不同。如果你是赵倩，你将如何向客户介绍新能源汽车的正确驾驶方法呢？

信息获取

随着环保意识的提升，纯电动汽车因其零排放、低噪音等特点，越来越受到消费者的青睐。与传统燃油车和混合动力汽车的驾驶方式相比，纯电动汽车在驾驶技巧上存在一些差异。本任务以大众ID.4车型为例，介绍纯电动汽车的驾驶方式。

一、新能源汽车的基本驾驶操作

(一) 打开和关闭点火开关

1. 打开点火开关

驾驶员踩下制动踏板,按一下起动/停机按钮,车辆即起动。起动/停机按钮位于转向柱右侧,如图1-1所示。

2. 关闭点火开关

在车辆处于静止状态下且点火开关已打开的情况下,驾驶员按一下起动/停机按钮,车辆即停止工作。除此之外,在车辆静止状态下打开电子驻车制动器后,驾驶员离开车辆,点火开关关闭;在车辆停住时驾驶员未踩下制动踏板,同时在已打开电子驻车制动器的情况下解锁驾驶员侧座椅安全带锁扣时,点火开关也会关闭。

图1-1 起动/停机按钮

(二) 换挡方式和挡位设置

纯电动汽车的换挡方式主要包括变速杆式、旋钮式以及怀挡式,如图1-2所示。这三种方式在电动汽车中较为常见,每种方式都有其特点和适用场景。

(a) 变速杆式　　　　　(b) 旋钮式　　　　　(c) 怀挡式

图1-2 换挡方式

大众ID.4车型换挡方式为怀挡式,驾驶员驾驶车辆时可选择前进挡D/B和倒车挡R,主要挡位及功能如下。

1. D挡——标准前向行驶挡位

电驱动装置处于标准行驶模式(在激活经济驾驶辅助后,自动实现制动能量回收),在换D挡位前,驾驶员应踩下制动踏板,否则挡位选择无效。

2. B挡——强力制动能量回收挡位

B挡是一种特别设计,旨在通过电动机实现减速效果,同时还能回收能量,为车辆带来更长的续航里程。

3. N挡——空挡

当电驱动装置处于空挡位置时,此时没有动力传递到车轮且无法使用电驱动装置的制动作用。在选择空挡前,驾驶员应确保车辆处于静止状态。切勿在空挡位置N时让车辆滑行,尤其是在车辆未进入行驶准备就绪状态时。

4. R挡——倒车挡

倒车挡只能在车辆停住时挂入。

驾驶员在驾车时须根据实际情况正确选择行驶挡位。如行驶挡位选择不当,则可能引发事故,严重致伤人员!

(三) 仪表盘认知

随着技术的进步,现代汽车越来越智能化。在汽车的仪表板上,我们可以看到各种各样的指示灯,了解故障灯及仪表板指示的方法和意义,对保障驾驶安全和及时解决问题至关重要。与传统汽车一样,新能源汽车也具有丰富的仪表指示信息,可随时给驾驶员提供车辆技术参数。下文以大众ID.4纯电动汽车车辆仪表信息指示为例进行说明,如图1-3所示。

图1-3 大众ID.4仪表盘

组合仪表内包括各类仪表指示灯、警告灯标识。警告灯用于指示各种不同警报、故障或某些功能。正常情况下,打开点火开关时某些警报灯将点亮,在进入行驶就绪状态后或车辆处于行驶状态时,警报灯应熄灭。

根据车型配置,组合仪表可能显示符号,而非警报灯。

根据车型配置,某些警告灯和指示灯不是在所有车型上均适用。

1. 大众 ID.4 组合仪表指示灯

汽车仪表盘是汽车行驶状态最直观的表现,一辆车的指示灯一般都超过 60 种,一些功能齐全的高端车型指示灯还可能超过 100 种。

通常情况下,仪表盘指示灯的颜色分为红色、黄色、绿色、蓝色等,这些颜色代表它们的重要性等级,逻辑就和交通灯"红灯停、绿灯行、黄灯亮了等一等"一个道理。

绿色/蓝色指示灯:一般都是车辆功能的状态指示,表示功能开启或者关闭。

黄色指示灯:一般表示提醒警告,代表车辆的某一功能或者配件出现问题,需要车主注意,并在适当的时候处理维修。

红色指示灯:一般是严重警告,代表车辆出现严重故障或者正处在危险状态,需要立即停止行驶并清除故障。

大众 ID.4 组合仪表指示灯/警告灯汇总如表 1-1 所示。

表 1-1 指示灯/警告灯标识

指示灯/警告灯标识含义							
红色	含义	黄色	含义	黄色	含义	绿色	含义
⚠	中央警报灯	⚠	中央警报灯		自适应巡航不可用		转向信号灯
(P)	电子驻车制动器		续驶里程计算有错误		预碰撞安全系统不可用	READY	行驶准备就绪显示灯
	高压蓄电池深度放电	SOS	紧急呼叫系统有故障或系统受限	OFF	预碰撞安全系统已关闭	AUTO HOLD	自动定车功能已激活
(!)	制动系统发生故障/电控机械式制动助力器失灵/制动液液位		12V 车载蓄电池	LIM	车速限制器不可用	LIM	车速限制器已激活
	冷却系统有故障		电子稳定程序或驱动防滑系统		自适应巡航不可用		车道保持辅助系统已激活
	电动-机械转向系统发生故障	ABS	防抱死制动系统故障		车道保持辅助系统正在调节		自适应巡航系统调节,未识别到前车

续 表

红色	含义	黄色	含义	黄色	含义	绿色	含义
	未系安全带		半自动驾驶辅助系统有故障		变道辅助系统故障		自适应巡航系统调节,识别到前车
	预碰撞安全系统发出撞车警报		电子驻车制动器故障		驶出车位辅助系统故障或系统自动制动干预	蓝色	含义
	踩下制动踏板		后雾灯处于打开状态		电驱动装置或电驱动系统存在故障		前照灯远光或前照灯闪光
	12V车载蓄电池		打开车窗!二氧化碳浓度过高		发动机模拟音浪系统		
	高压蓄电池电量耗尽		空调运行故障或无法测量二氧化碳浓度		高压蓄电池电量低		
	电驱动装置过热/电驱动装置存在故障		行车灯发生故障		自适应底盘调节系统故障		
	高压蓄电池电量已耗尽		电动-机械转向系统功能降低		行驶功率受限		
	打开车窗!二氧化碳浓度过高		胎压监测系统故障或轮胎压力低				
	充电插头已连接		风窗刮水器故障				
	接管转向盘		风窗清洗液液位过低				
	预防式乘员保护系统进行干预		安全气囊或安全带收紧器发生故障				

2. 部分组合仪表指示灯详解

不同的指示灯/警告灯代表不同的问题和信息,理解这些信息对驾驶者来说至关重要。以下是一些常见指示灯/警告灯的意义解读。

- **READY 指示灯**

工作条件:电源挡位位于 ON 挡时,此指示灯才允许工作;位于 OFF 挡和 ACC 挡时,仪表不允许处理此指示灯,应处于熄灭的不工作状态。

控制方式:主电机控制器通过 CAN 发送"READY"指示灯点亮信号给组合仪表,仪表 CPU 控制此指示灯点亮。

- **充电连接指示灯**

工作条件:此指示灯工作于所有挡位电源。

控制方式:硬线传输,充电感应开关闭合时,仪表点亮指示灯;充电感应开关断开时,仪表熄灭此指示灯。

- **冷却系统故障灯**

工作条件:电源挡位位于 ON 挡时,此指示灯才允许工作。

控制方式:CAN 通信传输,主控 ECU 发送水温过高报警信号给组合仪表,仪表 CPU 控制此故障灯点亮。

- **ABS 故障警告灯**

工作条件:电源挡位位于 ON 挡时,此警告灯才会点亮。

控制方式:CAN 传输,仪表控制此灯的点亮。

当 ABS 故障警告灯点亮时(驻车系统故障警告灯熄灭),防抱死制动系统不工作,但是驻车系统仍将正常工作。

当 ABS 故障警告灯点亮时(驻车系统故障警告灯熄灭),由于防抱死制动系统不工作,在紧急制动或在较滑路面上制动时车轮会抱死。

如果发生下列任何一种情况,则表示由警告灯系统监控的部件中发生故障,建议尽快与授权服务店联系检查车辆。

ABS 具有自检功能。如果发生任何故障,ABS 故障警告灯点亮,这意味着制动系统的防抱死制动功能已经失灵。此时,制动器仍会像没有防抱死功能的常规车辆那样提供普通的制动能力。建议尽快联系授权服务店专业人员检查车辆。

- **驻车系统故障指示灯**

工作条件:电源挡位处于 ON 挡且当制动液液位低时,此警告灯点亮。

控制方式：CAN 传输，仪表控制此灯的点亮。

驻车系统故障警告灯点亮，ABS 故障警告灯同时点亮。此时，制动系统和电子驻车系统可能工作不正常，制动距离将变长。制动时 ABS 将不起作用，车辆制动时会不稳定，请小心驾驶。

在操作中此警告灯短暂点亮不表示有问题。

- 胎压故障警告灯

工作条件：电源挡位位于 ON 挡时，此警告灯才会点亮。

控制方式：CAN 传输，仪表控制此灯的点亮。

当胎压故障警告灯点亮或闪烁，同时仪表信息显示屏显示"请检查胎压监测系统"，胎压显示界面数值位显示"---"时，表示胎压系统有故障。

当轮胎提示"信号异常"时，表示车辆所在位置胎压信号可能受到干扰或者胎压监测模块损坏。

当胎压故障警告灯常亮，同时仪表信息显示屏胎压显示界面有一个或多个数值位变黄时，表示对应轮胎处于欠压状态。

二、新能源汽车辅助驾驶系统操作

车主除了掌握基本驾驶操作外，还需要了解驾驶辅助系统，因为这些系统能够提高行车安全性和舒适性。驾驶辅助系统是指利用安装在车辆上的传感器、通信、决策及执行等装置，实时监测驾驶员、车辆及其行驶环境，通过信息、运动控制等方式辅助驾驶员执行驾驶任务或避免、减轻碰撞危害的系统。这些系统通过集成多项实用功能，如变道辅助、车道保持辅助和自适应巡航控制等，全方位提升了驾驶的安全性与舒适度。

> **课堂讨论**
>
> 同学们，除了以上三个提到的常用的辅助驾驶系统，你还能说出其他的辅助驾驶操作系统吗？

（一）变道辅助系统

变道辅助系统(Side Assist)可监控盲区和车后的路况，并在变换车道时为驾驶员提供辅助帮助。雷达传感器监控车辆后方区域，系统探测与其他车辆的车距和车速差通过车外后视镜中的指示灯提示驾驶员。

1. 变道辅助系统的操作

变道辅助系统可在信息娱乐系统的驾驶辅助系统菜单中打开和关闭。当打开变道辅助系统时,后视镜壳体中的黄色指示灯短暂点亮一次,如图1-4所示。点火开关在关闭和重新打开后系统仍然保持上次所存储的设置。

已打开的变道辅助系统在车速大于约15 km/h时激活。当车速低于10 km/h时,变道辅助系统自动关闭。

如果持续遮盖雷达传感器,则变道辅助系统自动关闭。例如雷达传感器被冰雪覆盖。

图1-4 黄色指示灯

如果变道辅助系统传感器已经自动关闭,只有在关闭并重新打开点火开关后,才能激活系统。保持雷达传感器清洁、无冰雪,且不得被其他物品遮盖。

2. 变道辅助系统的使用限制

变道辅助系统只能在铺装道路上使用。变道辅助系统受物理规律和系统条件限制,在某些行驶状况下可能无法正确识别交通状况。如以下情况:

（1）在急转弯处。

（2）在两条车道中间行驶时。

（3）在宽度不同的行车道时。

（4）在起伏道路处。

（5）在恶劣天气状况时。

（6）在路边有某些特殊建筑处,如较高或错落的公路护栏。

（二）车道保持辅助系统

在系统设计范围内,车道保持辅助系统（Lane Assist）可协助驾驶员将车辆保持在车辆道内行驶。车道保持系统通过安装在前风窗上的摄像头探测车道标志线。如车辆距系统已识别的车道标志线过近,系统通过施加一次校正性转向干预,提示驾驶员已偏离车道,此时,驾驶员可随时主动对转向进行校正干预。

1. 车道保持辅助系统的操作

车道保持辅助系统的操作取决于车型装备,在打开点火开关后,车道保持辅助系统总是处于打开状态。此外,还可以在信息娱乐系统的驾驶辅助系统菜单中打开和关闭车道保持辅助系统,并可查看打开状态。当半自动驾驶辅助系统（Travel Assist）被打开时,车道保持辅助系统也被打开。当车道保持系统打开时,组合仪表显示屏如图1-5所示。

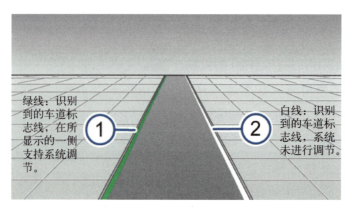

图 1-5 车道保持辅助系统

没有转向操作时,系统会通过组合仪表显示屏上的显示和声音警告来要求驾驶员将车辆保持在行车道中间行驶。如驾驶员对此未做出反应,则系统切换到被动状态。无论是否进行转向操作,如果校正性转向干预时间较长,则会通过组合仪表显示屏上的显示和声音警告来要求驾驶员将车辆保持在行车道中间行驶。

2. 车道保持辅助系统的使用限制

车道保持辅助系统只能在高速公路和铺装的公路上使用。在以下条件下,系统不激活(系统状态为被动):

(1) 车速低于 55 km/h。

(2) 车道保持辅助系统未识别到车道标志线。

(3) 在急转弯处。

(4) 采用极具运动风格的驾驶方式时。

(三) 自适应巡航控制系统

自适应巡航系统 ACC(Adaptive Cruise Control)可恒定地保持所设置的车速。当车辆接近前车时,ACC 会自动调整车速,使车辆保持所设定的车距。ACC 可在车速约 20 km/h 起开始调节,由于车型装备的不同,车速范围可能会稍有偏差。

1. 自适应巡航系统的操作

驾驶员按压按钮 ,即可打开 ACC,操作按钮如图 1-6 所示。符合行驶状态的指示灯显示灰色,ACC 未调节。

前向行驶过程中,按下按钮 ,ACC 存储当前车速并保持设置的车距。如果当前车速在系统规定车速范围之外,则 ACC 将调节最低车速(速度较慢时)或最高车速(速度较快时)。

图 1-6　ACC 的操作按钮

根据不同的行驶状况,以下指示灯点亮:

 ACC 调节,未识别到前车。

 ACC 调节,识别到前车。

如果 ACC 不调节,则指示灯显示灰色。

按压按钮 RES ,ACC 重新恢复调节。ACC 采用上次设置的车速和车距。组合仪表显示屏显示所设置的车速,并根据行驶状况点亮相应的指示灯。

2. 自适应巡航系统的使用限制

受系统限制,ACC 不适合下列行驶状况,在下列行驶状况下应中断 ACC 调节:

(1) 行驶在大雨、大雪或有强水流路况时。

(2) 在建筑工地、隧道或收费站中行驶。

(3) 在多弯道路上行驶,例如:山路。

(4) 越野行驶。

(5) 在停车场内行驶。

(6) 在嵌有金属物体的道路上行驶,例如:铁路轨道。

(7) 在碎石路面上行驶。

(8) 在多车道路面上行驶,当其他车辆在超车道以较低的车速行驶时。

一、实训场地和器材

新能源汽车作业工位、绝缘手套、绝缘鞋、绝缘安全帽、护目镜、防静电服、绝缘工具、安全锁、隔离桩、警示牌、绝缘垫、灭火器、车辆挡块、解码仪等。

二、作业准备

作业前准备，包括场地布置、防护装备检查穿戴、车辆准备（大众 ID.4）等。

三、操作步骤

1. 挡位认知及挂挡

（1）启动车辆。

（2）分别进行不同挡位挂挡操作。

2. 常见组合仪表指示灯认知

（1）教师设置故障。

（2）学生根据教师设置的故障，在组合仪表中判断该指示灯的含义。

整理、恢复作业场地。

所有同学回到理论教室，分组派代表上台展示相关操作视频和图片，由其他组同学进行评价，并对不足之处进行补充。

总结本次实训内容。

任务评价

新能源汽车正确驾驶考核评分标准

序号	作业项目	考核内容	配分	评分标准	评分记录	得分
1	打开和关闭点火开关	能按要求完成车辆起动	20	1. 能使用智能钥匙进行车门解锁(10分) 2. 能起动车辆(10分)		
2	进行挡位设置	能按要求进行换挡	20	能正确完成换挡操作(20分)		
3	仪表盘认知	能正确识别仪表盘指示灯	30	1. 能正确认识ready指示灯(10分) 2. 能正确认识充电连接指示灯(10分) 3. 能正确认识ABS故障警告灯(10分)		
4	辅助驾驶系统操作	能描述辅助驾驶系统操作及限制	30	1. 正确描述变道辅助系统操作及限制内容(10分) 2. 正确描述车道保持辅助系统操作及限制内容(10分) 3. 正确描述自适应巡航控制系统操作及限制内容(10分)		
10	分数总计		100			

任务拓展

一、填空题

1. 通常情况下,仪表盘指示灯的颜色分为_____、_____、_____、_____等。

2. 车道保持辅助系统只能在_____和_____上使用。

二、选择题

1. 按压按钮（　　），ACC 重新恢复调节。

   A. [RES]　　　　B. [🔘]　　　　C. [SET]　　　　D. [🚗]

2. 强力制动能量回收挡位是（　　）。

   A. D 挡　　　　B. R 挡　　　　C. B 挡　　　　D. N 挡

三、简答题

1. 自适应巡航系统的使用限制。

2. 请简述新能源汽车如何打开和关闭点火开关。

任务二　新能源汽车事故救援

教学目标

- 知识目标
(1) 了解新能源汽车事故特点。
(2) 了解新能源汽车火灾、水灾的定义。

- 技能目标
(1) 能够正确进行着火后的救援。
(2) 能够正确掌握新能源汽车浸水处理方法。

- 素质目标
(1) 培养学生在操作过程中的团队合作、项目沟通能力。
(2) 培养学生的批判性思维和创新意识。

情境导入

李平在一家 4S 店实习，某天维修车间处理了一辆着火的事故车，事故车因为车主救火不及时损坏很大。如果你是李平，你将如何向客户介绍新能源汽车着火时的正确灭火方法呢？

信息获取

近年来，新能源汽车事故发生频率随汽车保有量的快速增长呈上升趋势，主要事故类型包括碰撞、起火、涉水等。这些事故不仅对车主的生命财产安全造成严重威胁，也对道路交通和公共安全带来巨大挑战。因此，高效专业的新能源汽车事故救援刻不容缓。

一、新能源汽车的事故特点

新能源汽车与传统燃油汽车在动力系统、结构设计等方面存在着很大的差异，这使得新能源汽车在事故发生后的救援工作变得更加复杂和困难。例如，新能源汽车的电池系统具有高能量密度和高电压的特点,一旦发生事故,可能会引发火灾、爆炸等严重后果。此外,新能源汽车的电子控制系统也更加复杂,需要专业的技术人员进行维修和救援。

(一) 碰撞事故特点

1. 电池托盘开裂风险

在新能源汽车碰撞事故中,电池托盘开裂是一个较为常见的问题。当新能源汽车发生碰撞时,电池托盘边缘可能会出现开裂的情况。这是因为在碰撞过程中,电池托盘承受了巨大的冲击力,尤其是在高速碰撞或与硬物碰撞的情况下,电池托盘更容易受损,如图1-7所示。如果电池托盘边缘开裂,可能会导致电池内部结构暴露,增加电池受损的风险。

图1-7 电池托盘受损

2. 漏电漏液隐患

新能源汽车碰撞后,漏电、漏液现象是一个严重的安全隐患。当新能源汽车发生碰撞时,电池可能会受到挤压、穿刺等损坏,从而引发漏电、漏液现象。如果出现漏电情况,可能会对救援人员和周围人员造成触电危险。同时,漏液也可能会对环境造成污染,并且漏出的液体可能具有腐蚀性,对车辆和周围物体造成损害。

(二) 起火事故特点

1. 处理难度大

新能源汽车发生火灾、撞击等事故后,内部动力蓄电池可能出现挤压、刺穿、损坏等情况,引发液体泄露、燃烧,甚至爆炸,在导电介质的作用下,很容易使驾驶人或者乘员发生触电情况。对于新能源汽车来说,大多采用锂离子动力蓄电池组作为储电单元,当动力蓄电池负极与空气接触后,极易出现剧烈氧化,加大爆炸发生的概率,无形中增加了处理难度。

2. 灭火时间长

新能源汽车的内部结构件较多、管线错综复杂,且大部分均为可燃物,在自由燃烧状态下,火焰可持续90 min左右,温度最大值可达916℃,当某一部分发生火灾后,很容易蔓延整个车厢,形成大范围的燃烧,如图1-8所示;而常规的灭火剂灭火效果不够理想,加上座椅、护栏等物体的阻挡,难以直接灭火,因此需要花费较长的时间才能完成灭火任务。

3. 燃烧速度快

据调查,从动力蓄电池出现燃烧迹象到猛烈燃烧只需要6 s,且火焰的喷射距离较远,可

图 1-8 新能源汽车着火

超过 5 m,在燃烧过程中还有大量喷溅物散落在周围,并产生大量醚、烯烃、烷烃等,部分物质具有毒性。例如,氢燃料动力蓄电池是将氢气存储到压力容器中,其压力达到 70 MPa,一旦动力蓄电池受损导致氢气泄露,空气中的氢气含量超过 4%、周围温度超过 85℃时便具备爆炸条件,对救援人员的生命安全构成较大的威胁。

(三) 涉水事故特点

1. 电气设备受损

新能源汽车涉水后,电气设备容易受到影响。电路系统方面,可能出现短路、断路等问题。水中的杂质和盐分可能会附着在电路上,降低电路的绝缘性能,增加漏电风险。例如,当水深超过一定程度时,底盘电池组周边总线长时间泡在水里,漏水的概率较高,容易导致电路短路。内饰方面,涉水后可能会产生异味。因为水淹车进入到车内的水会转变为酸性混合液体,被车内织物吸纳后,遇热发生霉变,产生异味在所难免。如果不加以清理,还会对紧贴的金属部件造成侵袭,使其产生锈蚀。

2. 底盘腐蚀

新能源汽车涉水后,底盘面临着严重的腐蚀性危害,如图 1-9 所示。当水不深,刚通过底盘进入驾驶室内时,会对车辆轿厢底部用于连接外部附属装置的固定螺栓造成腐蚀性危害。水中可能含有各种杂质和盐分,这些物质会加速金属的腐蚀过程,造成固定螺栓的抗拉紧固能力减弱。

当车辆涉水时,水就有可能进入电池包内部。电池包内部一旦进水,会对电池系统内部的结构件和接插件造成腐蚀。

图1-9 新能源车底盘腐蚀

底盘的其他金属部件也容易受到腐蚀。例如，底盘的悬挂系统、制动系统等部件在涉水后，如果没有及时清理和保养，可能会出现生锈、腐蚀等问题。这不仅会影响车辆的操控性能和制动效果，还可能缩短这些部件的使用寿命。

3. 车身严密度下降

新能源汽车涉水后，车身的严密度会下降。密封胶条和阻尼胶圈容易受到泥沙的侵袭，氧化变硬、加剧磨损。在静止状态下，这种影响可能不太明显，但当车辆行驶起来时，难免会出现异响或出现风噪声。

密封胶条和阻尼胶圈的损坏会导致车辆的密封性下降，外界的灰尘、水分等容易进入车内，影响车内的环境和乘坐舒适性。同时，密封不严还可能会影响车辆的隔音效果，使车内噪音增大。

二、新能源汽车事故救援

（一）新能源汽车火灾救援

新能源汽车火灾是指纯电动汽车、油（气）电混合动力汽车、插电式混合动力汽车及其他新能源汽车，由于发生交通事故、自身设备故障或引燃等原因，导致车辆起火，造成人员伤亡和财产损失的灾害。

1. 风险评估

查明起火车辆基本情况和被困人员数量及伤势等情况。

查明起火车辆对周围车辆、建筑和人员威胁情况。

查明起火车辆类型、型号，动力电池种类、容量，车辆最高电压、高压线路走向等情况，必要时应联系生产者或当地经销商以获得详细车辆信息。

查明车辆主开关或应急开关的位置及状态。

判断事故车辆动力电池和高压电系统的受损情况，评估动力电池可能引发爆炸燃烧的危险因素及后果。

车辆为混合动力新能源汽车时，查明油箱或气罐部位及受损情况。

2. 现场管控

根据事故严重程度划分警戒范围，疏散围观群众，协调交警部门疏导附近交通，并将事故区域划分为火灾扑救区、伤员转运及人员待命区。

对事故警戒范围进行严格封控，安排专人对进入人员的安全防护情况进行检查。

使用可燃气体检测仪对现场进行不间断侦测，适时调整警戒范围。

使用测温仪实时监测事故车辆动力电池部位温度，适时调整警戒范围。

3. 安全防护

救援人员应根据事故现场情况做好安全防护，穿着全套消防员灭火防护服装，如图1-10所示。

图1-10　穿戴救援服装

靠近起火车辆时，所有人员应佩戴空气呼吸器，并根据车辆电压特性穿戴好绝缘手套等个人防护装备。

4. 处置措施

对有人员被困的起火车辆，应坚持"救人第一、科学施救"原则，同步开展破拆、灭火、救人行动。

对火势处于初起阶段,现场满足断电条件的车辆,立即实施断电操作,并将车辆钥匙装入信号屏蔽袋或放置到距离车辆 10 m 外的区域。

对无法实施断电操作车辆,且火势对被困人员和救援人员造成威胁时,应视情使用喷雾水或干粉灭火器对火势进行压制。

根据现场环境和火势发展情况,判断是否对起火车辆实施稳固操作。

视情使用消防过滤式综合防毒面具或空气呼吸器对被困人员实施呼吸保护。

火势无法得到有效控制时,可视情况采用灭火毯等器材对被困人员实施保护,最大程度避免被困人员受到伤害,并迅速利用破拆、起重等救生器材展开救人行动。

对无人员被困的起火车辆,消防员应在距离起火车辆 10～15 m 之外出水灭火。

高压供电源的电池组四周通常存在保护性构件,难以直接喷射到着火点时,应采用大量的水充分冷却高压供电源电池组外部,以防止火势蔓延至相邻电池单元。

5. 现场移交

灾害事故处置结束后,应全面、细致地检查清理现场,并向车主和有关部门移交。撤离现场时应当清点人员,整理器材装备。归队后,迅速检查保养器材、补充易消耗品,恢复战备状态,并向指挥中心报告。

提醒车主和有关部门妥善处理受损电池,合理采取转运方式,防止事故车辆在转运及后期静置过程中起火。

6. 注意事项

严禁使用破拆工具盲目穿透护罩或者穿刺、切割、撬开、拆卸车辆的任何结构,防止造成高压系统与外界隔绝失效,产生电击危险。

处置过程中,所有人员必须严格落实个人安全防护措施,严防触电、电池电解液喷溅、爆炸等伤害。

当发现起火车辆电池部位温度急剧上升、释放大量烟气时,应立即组织人员撤离至安全区域。

锂离子电池具备持续放电特性,明火熄灭后,应继续出水对电池组进行持续冷却,并使用测温仪进行监测,直至电池温度降至 160℃ 以下,且经评估无燃烧、爆炸等风险。

对电池受损车辆,安全员应对受损电池进行全程观察,并利用热成像仪、测温仪等器材对电池温度进行实时监测,一旦发现内部温度急剧升高,立即向指挥员报告,防止突发事故威胁被困人员和救援人员安全。

（二）新能源汽车水灾救援

新能源汽车水灾救援是指当新能源汽车因暴雨、洪水、内涝等情况陷入水中或遭受水浸损害后，专业救援人员及相关机构采取的一系列紧急应对措施和行动，以确保车辆及车内人员的安全，并尽可能减少车辆损失和环境危害。

1. 侦查

侦查包括以下内容：

水域温度、深度、水面宽度、水流方向、岸边地形等情况，事故现场及周边的道路、交通、水源等情况。

遇险人员的位置、数量和伤亡情况。

通过外部观察，判断事故车辆动力蓄电池和高压系统的受损情况。

评估现场救援处置所需的人力、器材装备及其他资源。

做好救援人员的安全防护，进行人员搜救。

确定车辆牵引部位，明确车辆停放的安全区域，并放置警示标志。

2. 人员搜救

当有人员被困在车内时，需要分析现场情况，充分考虑救助过程中可能存在的危险因素，确定救援方案。

击破车窗或打开车门，救助车内人员，将遇险人员救出后交由医疗急救人员进行救护，如图1-11所示。

图1-11 新能源汽车涉水救援

3. 车辆处置

车辆处置过程中,避免接触高压部件、断电开关等,防止可能存在的电击危险。

由有资质的机构根据车辆水域救援要求进行车辆打捞。

车辆打捞至路面后,按照《电动汽车灾害事故应急救援指南》(GB/T 38283 - 2019)中的 8.3 的要求进行车辆处置。

4. 现场清理

全面、细致地检查清理现场,并向车主和有关部门移交现场。撤离现场时清点人员,整理器材装备。

提醒车主和有关部门妥善处理受损动力蓄电池,合理采用转运方式,防止事故车辆在转运及后期的静置过程中起火。

转移车辆时,不能直接进行拖挂,宜根据新能源汽车转运要求进行转移,若强行拖动驱动会导致动力蓄电池发生火灾。

一、实训场地和器材

新能源汽车作业工位、绝缘手套、绝缘鞋、绝缘安全帽、护目镜、防静电服、绝缘工具、安全锁、隔离桩、警示牌、绝缘垫、灭火器、车辆挡块、解码仪、灭火防护装备、呼吸防护装备、高压喷水枪等。

二、作业准备

作业前准备,包括场地布置、防护装备检查穿戴、车辆准备(大众 ID.4)等。

三、操作步骤

(1) 根据老师设置的模拟起火,判断起火位置并采取措施。

(2) 根据老师设置的模拟涉水,进行涉水程度描述并采取对应措施。

整理、恢复作业场地。

实训任务总结

所有同学回到理论教室，分组派代表上台展示相关操作视频和图片，由其他组同学进行评价，并对不足之处进行补充。

总结本次实训内容。

新能源汽车事故救援考核评分标准

序号	作业项目	考核内容	配分	评分标准	评分记录	得分
1	描述事故原因	能说出新能源汽车着火的原因	10	能正确辨认着火位置（10分）		
2	进行新能源汽车灭火	能按要求进行灭火	30	1.取出随车灭火器（10分）2.灭火器使用操作正确（10分）3.选择正确的风向进行灭火（10分）		
3	描述事故危害	能说出新能源汽车涉水的危害	10	能正确说出涉水危害（10分）		
4	进行新能源汽车涉水处理	能按要求进行涉水处理	30	1.正确说出侦查内容（10分）2.正确进行人员搜救（10分）3.正确进行车辆处置（10分）		

续　表

序号	作业项目	考核内容	配分	评分标准	评分记录	得分
5	检查维护整理工作	能按要求完成整理工作	20	作业后的6S管理（20分）		
6	分数总计		100			

一、填空题

1. 新能源汽车火灾是指纯电动汽车、油(气)电混合动力汽车、插电式混合动力汽车及其他新能源汽车，由于发生_____、_____或_____等原因，导致车辆起火，造成人员伤亡和财产损失的灾害。

2. 新能源汽车碰撞事故特点包括_____和_____。

二、选择题

1. 以下不属于新能源汽车涉水事故特点的是(　　)。
   A. 电气设备受损　　　B. 底盘腐蚀　　　C. 车身严密度下降　　　D. 处理难度大

2. 对火势处于初起阶段，现场满足断电条件的车辆，立即实施断电操作，并将车辆钥匙装入信号屏蔽袋或放置到距离车辆(　　)米外的区域。
   A. 5　　　　　　　B. 10　　　　　　　C. 15　　　　　　　D. 20

三、简答题

1. 请简述新能源汽车火灾的救援内容。

2. 请简述新能源汽车水灾的救援内容。

任务三　新能源汽车故障应急处理

教学目标

·知识目标
(1) 了解新能源汽车常见故障应急处理方法。
(2) 了解高压触电基本知识及基本急救方法。

·技能目标
(1) 能按照标准流程开展常见故障应急处置。
(2) 能按照标准流程开展电击事故急救。

·素质目标
(1) 培养学生的团队合作能力和一丝不苟的工作作风。
(2) 培养学生的安全意识,提高对于安全防护及事故急救的认识。

情境导入

李伟在一家4S店的维修车间实习,某天接到一位购车客户的电话,客户反馈该车无法解锁。作为汽车维修人员,李伟应该如何告知车主开展应急处理?

信息获取

一、应急起动与更换遥控钥匙电池

通常,新能源汽车除高压动力电池外,还有低压蓄电池为车辆的低压用电器供电,若因12 V蓄电池放完电无法起动汽车,则可通过跨接电缆连接另一辆汽车的12 V蓄电池进行应急起动。

1. 应急起动正极接点

在车辆前舱内的12 V蓄电池上,可以找到用于应急起动的正极接点(+)。

2. 应急起动负极接点（接地端）

车辆的车身接地，原则上前舱内的车身螺栓连接点（没有绝缘漆面覆盖）均可作为应急起动的负极（接地端）。如大众 ID.4 车型在前舱蓄电池上方有螺栓接地点，如图 1-12 所示。

图 1-12　车身上的负极（接地点）　　　图 1-13　蓄电池应急起动电缆连接

3. 连接应急起动电缆

根据厂家维修手册要求，按照①→②→③顺序连接，如图 1-13 所示。

4. 进入行驶准备就绪状态

跨接起动

起动供电汽车的电机并让其怠速运转或接通电动汽车的点火开关，随后，使 12 V 蓄电池电量耗尽的汽车（本车）进入行驶准备就绪状态。使用完后取下应急起动电缆。

（二）手动解锁或闭锁车门

当车钥匙失效时，需要手动解锁车辆才可进入，相关步骤如下。

1. 拔出应急钥匙

按压车钥匙解锁按钮①，向外翻出钥匙头②；继续按压解锁按钮，向外拉出应急钥匙③，如图 1-14 所示。每一款车钥匙设计结构不同，但大多可以在车钥匙上找到机械钥匙解锁按钮，进而可以拉出机械钥匙。

2. 撬开盖罩

以大众 ID.4 车型为例，其机械钥匙的孔在盖罩后面，需要手动撬开盖罩。这款车型在门把手下方有撬孔，将机械钥匙插入撬孔，轻轻向外即可撬开盖罩。此处注意，为避免在撬的过程中划伤车漆，可在机械钥匙下覆盖毛巾、餐巾纸等物品，操作如图 1-15 所示。

3. 解锁车辆

露出机械钥匙孔后，如图 1-16 所示，插入机械钥匙，顺时针转动应急钥匙即可闭锁车辆，

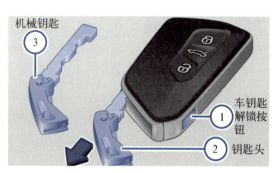

图 1-14 解锁应急钥匙

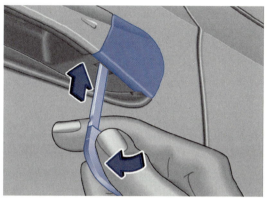

图 1-15 撬开盖罩

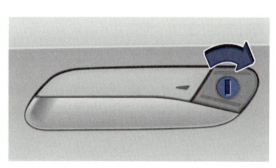

图 1-16 解锁车辆

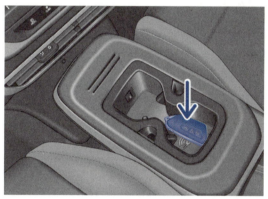

图 1-17 应急起动功能

逆时针转动应急钥匙即可解锁车辆。用力拉开驾驶员侧车门把手即可打开车门,重新安装盖罩。

需要注意的是,采用此方法进入车辆可能会触发防盗警报,需执行应急起动操作:进入车辆后将车辆钥匙置于中控台下部的饮料罐托架中,如图 1-17 所示。再踩下制动踏板或者按压起动/停机按钮即可进入行驶准备状态,退出防盗警报。起动/停机按钮位于转向盘转向柱右侧。

4. 手动闭锁车辆

一般情况下使用机械钥匙即可实现闭锁车辆,必要时可使用手动闭锁车辆。首先,在车门处拆下带有锁形符号的橡胶密封圈;接着,将钥匙头插入槽口并旋转;最后,关闭车门并检查车门是否已经闭锁。如图 1-18 所示。

当解锁驾驶员侧车门后,其他车门可以在车内通过拉动开门拉手解锁并打开。

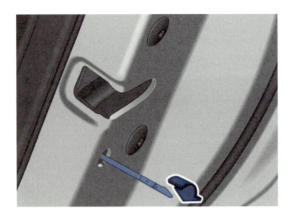

图 1-18 手动闭锁功能

应急开启车门和应急启动的操作

(三) 应急开启行李舱盖

当出现紧急情况时,如车辆断电无法通过操作开关触发电机解锁或车内人员需要紧急从车内逃出车辆,部分车型生产厂家会在行李舱内部设置应急开启开关,此开关为纯机械开关,用手打开行李舱内护板处的应急开启开关护盖(如图 1-19 所示箭头方向打开),拨动应急解锁开关(按图 1-20 所示方向拨动开关)可在断电情况下从车内打开行李舱盖。

图 1-19 行李舱盖内侧的应急开启开关护盖

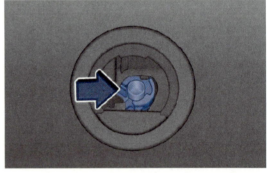

图 1-20 沿箭头方向拨动应急解锁开关

(四) 更换遥控钥匙电池

以大众 ID.4 车型为例,其搭载无钥匙进入及无钥匙起动功能,当车钥匙无法执行闭锁解锁功能、钥匙上的指示灯不闪烁时,说明车钥匙电量不足,需要更换车钥匙中的电池。

1. 钥匙功能

以大众 ID.4 车型为例,其车钥匙上有 3 个按钮和 1 个指示灯,如图 1-21 所示。①表示解锁车辆,此时所有转向信号灯闪烁 2 次。②表示单独解锁尾门,按压后尾门开启并且所有转向信号灯闪烁两次。③表示闭锁车辆,所有转向信号灯闪烁 1 次。当车钥匙工作时,④指

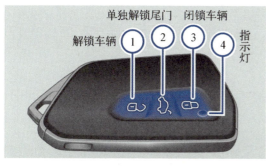

图 1-21 车辆钥匙

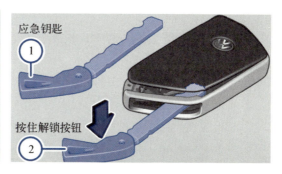

图 1-22 打开钥匙盖板

示灯会闪烁。

2. 更换电池

拔出机械钥匙,将机械钥匙插入车钥匙盖板,轻轻向上撬开钥匙盖板,如图 1-22 所示。

取下钥匙盖板后,取下电池,将新的 20 mm 纽扣电池放入车钥匙内,并将盖板重新压回钥匙壳体上固定。此处注意,要使用大小、规格、电压均相同的电池,以免损坏车钥匙。

更换遥控器电池

二、更换轮胎、熔丝

(一) 更换轮胎

目前的新能源汽车车重较大,如大众 ID.4.CROZZ 车型整车整备质量达 2 130 kg,并且新能源汽车动力性较好,尤其是在起步、加速阶段,导致轮胎负荷较大,易出现故障。更换车轮需要注意以下几点:① 更换轮胎具有一定危险性,在更换时务必注意安全;② 更换轮胎时,车内所有乘员,尤其是儿童,必须下车到安全的场所等待;③ 汽车地面须平整坚实,必要时,可用一块垫板放在千斤顶下面;④ 更换前,车辆最好关闭点火开关,打开驻车锁 P。

1. 取出车轮螺栓盖罩

车轮上有用于保护车轮螺栓的防护帽,更换车轮前要拔出盖罩,安装好车轮后须全部重新装上。在拆卸过程中,首先,需要取出行李舱随车工具中的钢丝钩,然后将钢丝钩插入防护帽上的开口中,再沿箭头方向拔出防护帽,如图 1-23 所示。

图 1-23 取出螺栓盖罩

2. 用千斤顶举升车辆

找到千斤顶的支撑点,将千斤顶放置在车辆需要举升的车轮最近的举升点,车辆举升点如图1-24所示。

图1-24 千斤顶支撑点

放置好千斤顶后,升高千斤顶,并调整千斤顶位置,使之处在举升点的正下方。需要确保千斤顶底座紧贴路面,继续用摇把升高千斤顶,边摇边调整千斤顶位置,直至千斤顶卡爪卡住车身下的棱边。继续用摇把升高车辆,直至车轮刚好离开地面。如图1-25所示。

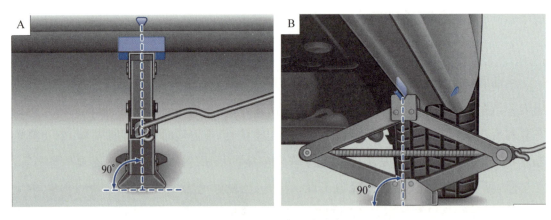

图1-25 用千斤顶举升车辆

使用千斤顶过程中,注意勿将身体任何部位(手臂或者脚)放置于车辆下,谨防受伤。

3. 拆卸安装车轮

用车轮螺栓套筒扳手拧下车轮螺栓,将拆下的螺栓放置于干净表面,拆下车轮。首次拆卸车轮时,车轮螺栓较紧,拆卸过程中需注意安全。

拿出备用轮胎,核对备胎的识别字码,备胎最好与原车轮规格型号相同,拧入所有其他车轮螺栓，然后用车轮螺栓套筒扳手沿顺时针方向稍加拧紧车轮螺栓。

降下车辆，用车轮螺栓套筒扳手沿顺时针方向沿对角拧紧车轮螺栓，使车轮螺栓受力更加均匀。最后安装好车轮盖罩。

更换车轮后，做好现场 6S，将拆下车轮妥善放好，尽快使用扭力扳手检查螺栓拧紧力矩，后续尽快修复车轮。目前大部分汽车随车携带的备胎均不是全尺寸轮胎，更换好车轮后应尽快修复轮胎。

（二）更换熔丝

1. 熔丝位置

电路图（图 1-26）中的熔丝，使用符号  加上编号表示，如 SA5，表示熔丝座 A 上的第 5 个熔丝。S 表示熔丝，A 表示熔丝座号码，5 是熔丝序号。

熔丝安装在熔丝座中，通过电路图可以查找到熔丝座和熔丝的详细信息。大众车车型熔丝盒通常有 SA、SB、SC 三个，其中 SA、SB 位于前舱盖中，SC 位于驾驶室内。图 1-27 所示为前舱盖中熔丝盒，里面有熔丝及相应继电器，熔丝为 SB 开头。

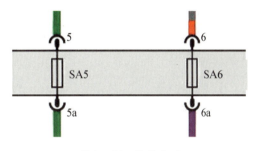

图 1-26 熔丝电路

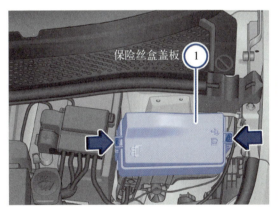

图 1-27 前舱熔丝盒

图 1-28 驾驶员侧熔丝盖板

SC 熔丝盒位于驾驶舱内，在驾驶员侧仪表板内。首先需要把手伸到熔丝盒盖板后面，沿箭头方向拉出熔丝盒盖板，里面的熔丝为 SC 熔丝，如图 1-28 所示。

在汽车电路图中会给出各个熔丝的含义，通常数个用电器可能共用一个熔丝，也可能一个用电器配备数个熔丝。表 1-2 为大众某车型熔丝座 A。

表 1-2　汽油发动机车上的熔丝座 A

编号	电路图中的名称	额定值	功能	端子
1	熔丝座 A 上的熔丝 1—SA1	10 A	自动变速器控制器 J217	30
2	熔丝座 A 上的熔丝 2—SA2	5 A	机油油位和机油温度传感器 G266	15
3	熔丝座 A 上的熔丝 3—SA3	5 A	发动机控制器 J623 空气质量流量计 G70	15
4	熔丝座 A 上的熔丝 4—SA3	5 A	发动机控制器 J623	30
5	熔丝座 A 上的熔丝 5—SA5	10 A	燃油定量阀 N290 燃油压力调节阀 N276 燃油计量阀 2—N402	87
6	熔丝座 A 上的熔丝 6—SA6	15 A	发动机控制器 J623	87
7	熔丝座 A 上的熔丝 7—SA7	15 A	凸轮轴调节元件 1—F366 凸轮轴调节的执行元件 12—F377 凸轮轴调节阀 1—N205 凸轮轴调节阀 2—N208 进气管风门阀 N316	87

2.更换熔丝

首先需要关闭点火开关、车灯及所有用电器,然后按照图 1-27 方向打开前舱里的熔丝盒盖板,向上取下熔丝盒盖,注意在更换熔丝过程中,不得将水带入熔丝盒。

熔丝从形状上看主要有扁平式熔丝和方块式熔丝,如图 1-29 所示。

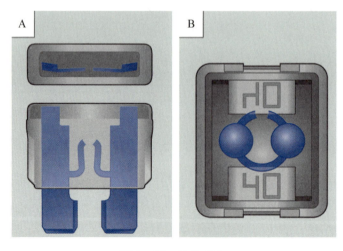

图 1-29　熔丝形状

可用熔丝盒子上的熔丝塑料钳拆下熔丝,通过包裹金属片的透明壳体顶部和侧面观察其内的金属片熔化状态鉴别其是否熔断。熔断的熔丝必须用额定电流(可从颜色和标记加以区别)及尺寸与原熔丝均相同的新熔丝更换。

更换熔丝时需注意以下几点:① 大众 ID 系列在转向盘下方饰板后 SC 熔丝盒里有救援用熔丝,它有一个特殊的标志,请勿自行更换这个熔丝;② 不得安装额定电流更高的熔丝,只能使用相同电流和尺寸的熔丝;③ 不得修理损坏的熔丝;④ 不得用金属条、回形针等替代熔丝。

三、车辆抛锚与救援拖车

车辆因自身故障或者发生事故抛锚时,需要严格按照相关规定进行操作。

(一) 车辆抛锚

车辆抛锚时需要打开危险警报灯,穿上反光警示马甲。将车辆停在远离主车道的合适路面上,所有乘员必须下车,到安全场所等待,例如安全护栏的后侧。按照规定将三角警示牌设立在相应位置,白天在城市道路一般将警示牌放置于车辆后方 50 m 的地方,如果是高速公路则要把警示牌放置于 150 m 的地方(成人大概 200 步的距离)。按照法规规定,车辆在出厂时应配备有应急救援包,三脚架在应急救援包中,当遇到突发情况时,驾驶员的操作如下。

(1) 打开危险警报灯(双闪),尽快将车辆驶离正常行驶路面,以免被后续车辆追尾造成伤害。

(2) 穿好反光警示马甲,如图 1-30 所示。车主务必将反光警示马甲存放在车内储物箱内,以备不时之需。

(3) 下车后,从行李舱拿出三脚架,并在相应位置放好。安排随车人员立即下车到安全位置等待。部分车辆三脚架在尾门上,如图 1-31 所示。

图 1-30 反光马甲

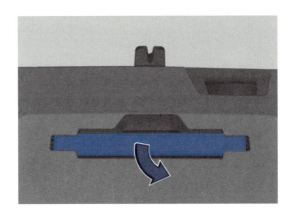

图 1-31 尾门三角牌固定支架

(4) 拨打救援电话给车辆售后服务中心,如果发生事故的话及时联系交警及 120 救援。

(二) 车辆失火时应对方法

目前新能源汽车都装载有大容量动力电池,在发生事故或者意外情况下,可能会导致失火。2020 年 5 月 12 日,工业和信息化部组织制定的《电动汽车安全要求》(GB 18384 - 2020)、《电动客车安全要求》(GB 38032 - 2020) 和《电动汽车用动力蓄电池安全要求》(GB 38031 - 2020) 三项强制性国家标准(下称"三项强制标准")由国家市场监督管理总局、国家标准化管理委员会批准发布,并于 2021 年 1 月 1 日起开始实施。

其中《电动汽车用动力蓄电池安全要求》在优化单体电池、模组安全要求的同时,重点强化了电池系统热安全、机械安全、电气安全以及功能安全要求,试验项目涵盖系统热扩散、外部火烧、机械冲击、模拟碰撞、湿热循环、振动泡水、外部短路、过温过充电等。特别是标准增加了电池系统热扩散试验,要求单体电池发生热失控后,电池系统在 5 min 内不起火不爆炸,为乘员预留安全逃生时间。

当新能源汽车发生意外可能失火时,驾乘人员可按照下列步骤进行操作。

(1) 关闭点火开关。

(2) 打开危险警报灯。

(3) 将三角警示牌设立在相应位置,以引起过往车辆驾驶员的注意。

(4) 人员立即离开危险区域,并进行急救。

(5) 拨打 119 消防热线,并告知消防部门本车是一辆电动汽车。

(6) 与失火车辆保持足够的安全距离,等待救援。

新能源汽车动力电池为锂电池,失火时,会持续放热并产生大量含有氢气、甲烷、乙烷等的可燃混合气体。如果内部的化学反应仍在继续,在外部明火被扑灭后,容易反复发生复燃现象。再加上锂离子电池狭小密闭空间的结构特点,在安全阀失效的情况下,能量的积压足以引发爆炸,相关人员请勿在燃烧的车辆附近逗留。

(三) 紧急呼叫系统 E-Call

图 1-32 紧急呼叫系统(保护按钮盖)

目前车辆均装备了紧急呼叫系统 E-Call,车上的紧急呼叫系统默认是开启的,操作元件位于顶篷上,如图 1-32 所示。

紧急呼叫系统可以在危险情况下提供救援帮助。它与官方救援中心建有语音连接,当车辆安全气囊或安全带张紧器触发后,该系统会自动与救援中心建立连接,如果接通后来自呼叫中心的问询始终无法得到回复,则会自动启动救援措施。此外,与紧急呼叫相关的法律要求的数据会自动传输到救援中心,例如当前的车辆位置信息等。

紧急呼叫系统的服务连接由原厂安装的控制单元创建,为了确保在发生重大事故后该功能依旧能够正常使用,需要额外的供电,因此该系统有一套独立于车载电网的内置电池。

车内顶篷上的紧急呼叫系统有一个保护按钮盖,打开后可见一个指示灯和一个 SOS 按钮,如图 1-33 所示。

图 1-33 紧急呼叫系统(指示灯和按钮)

指示灯根据车辆上紧急呼叫系统的运行状态,会显示不同的颜色和发光顺序,见表 1-3。

表 1-3 紧急呼叫系统指示灯

颜　色	含　义
黑色	指示灯熄灭:紧急呼叫系统不可用
红色	点火开关打开后,指示灯持续闪烁红色约 20 s,表示系统已关闭
红色	指示灯持续红色:系统故障。紧急呼叫系统受限或不可用
绿色	指示灯点亮绿色:紧急呼叫系统可用,车辆系统已准备就绪
绿色	指示灯闪烁绿色:紧急呼叫已激活

当车主需要手动触发紧急呼叫系统时,按照下列步骤操作。

(1) 按一下盖板 SOS 并且翻开盖板。

(2) 按压紧急呼叫按钮数秒,紧急呼叫被触发,并与救援中心建立语音热线。

(3) 与救援中心取得联系,报告当前车辆具体情况及位置,等待救援。

如果不慎误触了紧急呼叫中心,请立即取消紧急呼叫。由于该系统内置电池,当电池出现故障时,组合仪表显示屏上会显示 SOS 故障:紧急呼叫系统,出现信息后车主可以前往 4S 店检修并更换内置电池。

需要注意的是该系统不一定能够正常工作,原因如下:① 当前车辆所在区域紧急呼叫系统无法接收移动信号和 GPS 接收较弱;② 电信运营商 2G/3G 移动网络信号不可用;③ 紧急呼叫系统电池故障不可用;④ 车辆点火开关未打开。

(四) 救援拖车

当车辆动力系统受限无法正常行驶时,例如动力电池亏电,需要借助其他车辆进行牵引。牵引前车辆需做好相应准备工作,车辆点火开关必须处于打开状态,使电子转向柱锁保持分离状态,并且转向信号灯、喇叭、风窗刮水器/清洗器处于可工作状态;制动助力器和转向助力器只在车辆进入行驶准备状态时方可工作,否则需要驾驶员加大力量踩下制动踏板以及进行转向操作;关闭电子驻车制动器;确保牵引绳始终拉紧;挡位处于空挡位置。

牵引环一般位于车辆行李舱工具包中,安装前需从行李舱随车工具中取出牵引环,如图1-34所示,②即为牵引环。

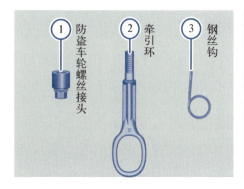

图1-34 随车工具

图1-35 前保险杠上右侧:取下盖板

图1-36 前保险杠上右侧:拧入牵引环

按压车辆前头盖板的左侧区域,松开盖板卡扣,如图1-35所示,打开盖板让其悬挂在车辆上。

将牵引环沿逆时针方向牢固拧入支座,这里必须将牵引环按照螺旋旋向拧紧,否则牵引时可能会损坏螺纹孔,如图1-36所示。

牵引完毕后,将盖罩装入相应凹槽并压入。牵引环用完后清洁好放回随车工具中。

四、充电应急操作

充电是新能源汽车的补能方式之一,在使用过程中车主需要正确使用充电枪与车辆连接充电。充电枪与车辆之间带有锁止机构,插入充电插头时如未按下把手上的机械按键,将听到锁止声,且按键自动弹起,则插头已正确插入;插入充电插头时如按下把手上的机械按键,将没有锁止声,松开按键后,且按键自动完全弹起,则插头已正确插入;拔出充电插头时需按下把手上的机械按键。需要充电时首先需要解锁车辆,按压车辆后方蓄电池充电盖,将充电枪平行插入充电插座中,如图1-37所示。

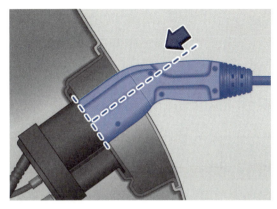 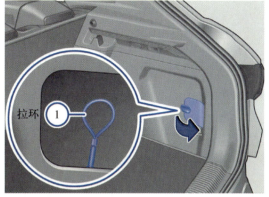

图 1-37　充电操作　　　　　　图 1-38　解锁充电插头拉环

正常充电过程中,组合仪表显示屏会显示充电枪连接标识,并且提示充电剩余时间。当车主想要结束充电时,需要解锁车辆,点击组合仪表显示屏中的功能按键(立即结束),此时充电插座上的充电过程指示灯会点亮白色,激活充电设置中的"插头自动释放",充电插头将被解锁。然而,现实中由于车主误操作、充电枪匹配、车辆或充电站故障等问题,车主可能无法顺利拔下充电枪,这时,需要使用充电插头应急解锁来拔出充电枪。操作步骤如下。

(1) 打开车辆尾门。

(2) 转动行李舱内右侧的锁止机构并沿着箭头方向打开盖板,如图 1-38 所示。

(3) 拉动图 1-38 中所示拉环,然后从充电插座上拔下充电插头,重新装回盖板并锁止。

通过此方式强行解锁充电插头时,充电插头上的触点可能还带有电压,触摸的话会导致触电事故,因此不得触摸充电插座中的触点。

五、电击事故急救处理流程与方法

(一) 电击事故急救处理流程

所有急救行动的总目标是在不危害健康的情况下尽可能保证对触电者快速救治,必须执行所有步骤(按正确顺序),如图 1-39 所示,只有这样才能完成急救的救护链。

电气危害及触电急救操作方法

(二) 解除触电脱离电源

进行触电急救时,首先使触电者脱离电源,就是要把触电者接触的那一部分带电设备的开关、刀闸或其他断路设备断开,或设法将触电者与带电设备脱离然后进行相应处理。解除触电方法一般为拉、切、挑、拽、垫。

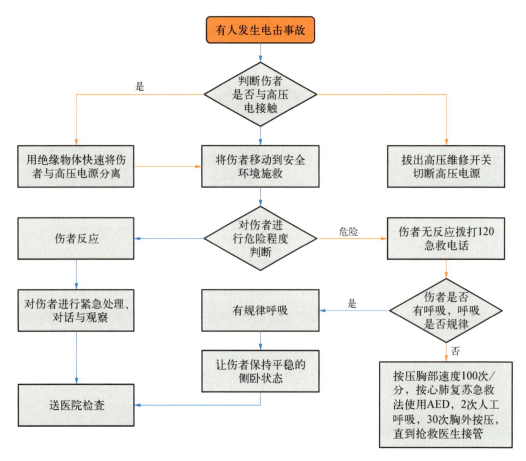

图 1-39 电击处理流程

除颤仪的使用

除颤仪也称电复律机,是实施电复律术的主体设备,也是目前临床上广泛使用的抢救设备之一。它用脉冲电流作用于心脏,实施电击治疗,消除心律失常,使心脏恢复窦性心律,具有疗效高、作用快、操作简便以及与药物相比较为安全等优点。它配有电极板,大多有大小两对,大的适用于成人,小的适用于儿童。使用前应检查除颤仪各项功能是否完好,电源有无故障,充电是否充足,各种导线有无断裂和接触不良。除颤仪作为抢救设备,应始终保持良好性能,蓄电池充电充足,如此方能在紧急状态下随时能实施紧急电击除颤,如图 1-40 所示。

除颤仪的使用,首先需要迅速熟悉并检查除颤仪,确保各部位按键、旋钮、电极板完好,电能充足。将患者取平卧位,操作者位于患者右侧位,迅速开启除颤仪,调试除颤仪至监护位置,显示患者心律,用干布迅速擦干患者胸部皮肤,将手控除颤电极板

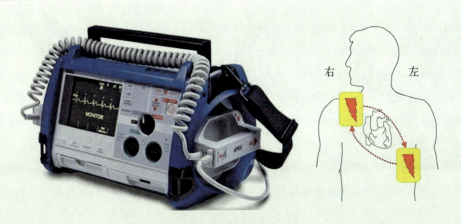

图 1-40 除颤仪使用方法

涂以专用导电胶。除颤电极板应正确安放于胸部位置：一个电极板放在胸骨外缘上部、右侧锁骨下方；另一个电极板放在左下胸、乳头左侧，电极板中心在腋前线上。并观察心电波形，确定是否为室颤。如果为室颤，选择除颤能量，首次除颤用 200 J，第二次用 200~300 J，第三次为 360 J。具体的使用方法如下。

(1) 按压除颤充电按钮，使除颤器充电。

(2) 将除颤电极板紧贴胸壁，适当加以压力，确定周围无人员直接或间接与患者接触。

(3) 除颤仪显示可以除颤信号时，双手同时协调按压手控电极两个放电按钮进行电击。

(4) 放电结束不移开电极，观察电击除颤后心律，若仍为室颤，则选择第二次除颤、第三次除颤，并重复以上步骤。

(三) 解除电源的方法

(1) 附加有电源开关或插座时，应立即拉下开关或拔下电源插头，如图 1-41 所示。但应注意普通的电动开关只能断开一根导线，有时由于安装不符合标准，可能只断开零线，而不能断开电源，人身触及的导线仍然带电，不能认为已切断电源。

(2) 如果距开关、插座较远或者断开电源有困难，应迅速用绝缘性能良好的钢丝钳或断线钳将电源线切断，如图 1-42 所示，以断开电源。此时应防止带电导线断落触及其他人。

(3) 对于由导线绝缘损坏造成的触电，当导线在触电者身上或压在身下时，可用绝缘拆卸工具、干燥的木棒、竹竿等挑开导线使其脱离电源，如图 1-43 所示。

(4) 救援人员可用几层干燥的衣服将手裹住或者站在干燥的木板、木桌或绝缘垫等绝缘物上，如图 1-44 所示，用一只手拉触电者的衣服，使其脱离电源，千万不要赤手直接去拉触电人，以防造成群伤触电事故。

图1-41 断开开关或插接器

图1-42 切断导线

图1-43 挑开电源

图1-44 绝缘脱离电源

（5）如触电者由于肌肉痉挛，手指紧握导线不放松或者导线缠绕在身上时，如图1-45所示，可首先用干燥的木板塞进触电者身下使其与地绝缘，然后采取其他方法切断电源。

图1-45 挑开缠绕导线

（四）伤情判断

抢救触电者使其脱离电源后，应立即就近移至干燥、通风场所，再根据情况迅速进行现场救护。同时应立即通知医护人员到现场，并做好送往医院的准备工作。

(五)判断触电者意识方法

(1)拍:轻拍触电者肩部,高声呼叫触电者。

(2)按:无反应时,立即用手指甲掐压人中穴、合谷穴约5 s。

(3)叫:大声呼叫"来人啊,救命啊"!

(4)放:放好触电者体位,使触电者仰卧在硬板上或地上,头、颈、躯干平卧无扭曲,双手放于两侧躯干旁,解开上衣,袒露胸部。

当呼之不应,刺激也毫无反应时,可判断为意识已经丧失,该判定过程应5 s内完成。

(六)判断触电者呼吸方法

(1)看:看触电者的胸部、腹部有无起伏动作。

(2)听:用耳贴近触电者口鼻处,听有无呼气声音,如图1-46所示。

(3)试:用手指测试口鼻有无呼气的气流。

在此过程中始终保持气道开放位置,观察时间不超过5 s。

图1-46 判断触电者呼吸

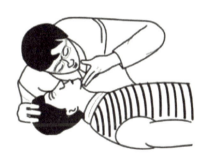

图1-47 判断触电者心跳

(七)判断伤员心跳方法

探:一只手置于伤员前额,使头部保持后仰,另一只手的食指及中指指尖在靠近救护者一侧,轻轻触摸喉结旁2~3 cm凹陷处的颈动脉,试探有无脉动,如图1-47所示。对伤情的检查判断时间不超过10 s。

(八)根据不同情况进行抢救

(1)如果触电者伤情不重,神志清醒,但有些心慌,四肢发麻,全身无力,或者触电者曾一度昏迷但已经醒过来,应使其就地平躺在通风保温地方安静休息,暂时不要站立和走动,严密观察,并请医生前来诊治或送往医院。

(2)如触电伤员神志不清,应就地仰面躺平,且确保气道通畅,并用5 s时间判定伤员是否丧失意识。禁止摇动伤员头部呼叫伤员。

(3)如触电伤员意识丧失,应在10 s内用"看、听、试"的方法判定伤员呼吸情况,用"探"的方法判断触电者的心跳情况。

(4)如果触电者已失去知觉,但心脏跳动和呼吸还存在,应使触电者舒适、安静地平卧,周围不要围人,使空气流通,解开触电者衣服以利于呼吸。如天气寒冷,要注意保温,防止感冒或冻伤。同时要速请医生救治或送往医院。如果发现触电者呼吸困难、呼吸稀少或发生痉挛,应准备好心跳或呼吸停止后立即做进一步抢救。

(5)如果触电者已无知觉,呼吸停止或者心脏跳动停止,应立即就地正确使用心肺复苏法进行抢救,包括人工呼吸和胸外按压法。具体分为下述几种情况:触电者如无呼吸,但心脏有跳动,应立即采用人工呼吸法进行救治;触电者如有呼吸,但心脏跳动停止,应立即采用胸外按压法进行救治;触电者如心跳和呼吸都已停止,瞳孔放大,失去知觉,这时需要同时采用人工呼吸和人工胸外按压两种方法进行救治。

注意:急救要尽快进行,同时应立即与附近医疗部门联系,争取医务人员及早接替救治。做人工呼吸要有耐心,尽可能坚持抢救4 h以上,直到把人救活或者一直抢救到确诊死亡时为止。如需送医院抢救,在途中也不能中断急救措施,未经医生许可不得放弃救治。

知识链接

胸外按压方法

胸外按压正确的部位是胸骨中下1/3交界处的正中线或剑突上2.5~5 cm处,施救者以左手食指和中指在肋弓中间滑移至两侧肋弓交点处(胸骨下切迹),然后将食指和中指横放在胸骨下切的上方,食指上方的胸骨正中部即为按压区,将另一只手的掌根紧挨食指放在触电者胸骨上,再将定位之手取下。

胸外按压正确的手势如图1-48,快速定位后,施救者马上将另一只手搭在定位手的手背上,双手重叠并十指交叉,相互扣起来,只能用掌根部与触电者的皮肤接触(压力局限在胸骨面积越小越好)。定位手的五个手指必须全部翘抬起来,不允许接触到触电者胸部皮肤,以免按压力量作用于触电者的两侧肋骨上,造成肋骨骨折。

施救者双膝跪地,以髋关节为支点,腰部挺直,双肩位于双手正上方,不得偏斜,用上半身的重量往下施压(利用杠杆原理)。要求双臂必须绷直,肩、肘、腕,三关节成一条直线,尤其肘关节不得弯曲,无晃动或摇摆,并且手臂这条直线须与触电者胸部形成90°,不能倾斜,如图1-49所示。利用上半身体重和肩、臂部肌肉力量垂直向下按压,放松时定位的手掌根部不要离开胸部按压部位,但应尽量放松,使胸骨不受任何压力。施救者的目光应始终盯着触电者脸部,全程观察其面部表情和面色改变,以便及时评估胸外按压是否有效。

项目一 新能源汽车使用与应急处理

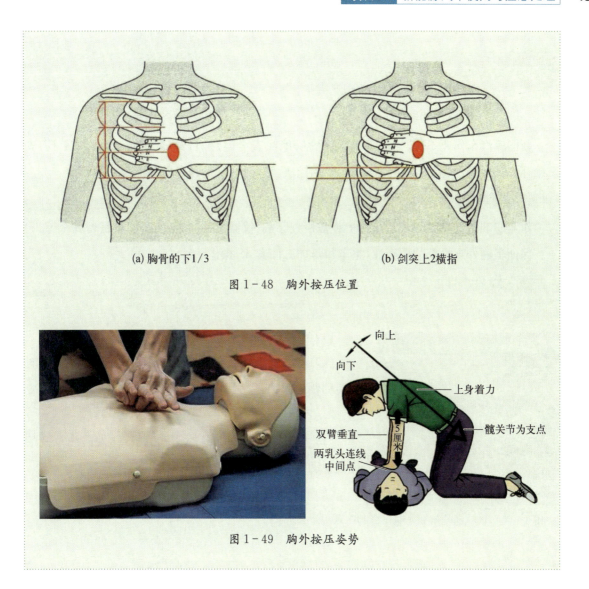

(a) 胸骨的下1/3　　　　　　　　(b) 剑突上2横指

图1-48 胸外按压位置

图1-49 胸外按压姿势

"1+X"考证技能点

温馨提示：中车行2-1模块"新能源汽车动力驱动电机电池技术"中包含高压安全防护作业模块，在该模块中考核评价标准之一为防护工具的铺装、事故应急救援知识的了解及常见触电事故的应急处理方法等。同学们在日常学习、生产工作过程中，要始终牢记"安全第一"。

 **任务实施**

一、实训场地和器材

新能源汽车作业工位、绝缘手套、绝缘鞋、绝缘安全帽、护目镜、防静电服、绝缘工具、安全锁、隔离桩、警示牌、绝缘垫、灭火器、车辆挡块、解码仪、千斤顶、牵引环、牵引绳等。

二、作业准备

作业前准备,包括场地布置、防护装备检查穿戴、仪器设备检查、随车工具是否齐全等。保证车辆外观检查的准确性,整车和防护三件套 6S 操作。

三、操作步骤

1. 机械钥匙解锁车辆

图 1-50 机械钥匙解锁车辆

(1)释放按钮取下机械钥匙。

(2)将机械钥匙插入驾驶人侧车门机械门锁内,逆时针转动钥匙解锁车辆,即可开启车门,如图 1-50 所示。

2. 更换遥控钥匙电池

(1)用机械钥匙取下遥控钥匙盖板,此处需注意撬的过程中动作轻柔,防止撬伤盖板。

(2)抠下遥控钥匙电池,更换新的纽扣电池进去,如图 1-51 所示。

3. 更换熔丝

(1)打开前舱,找到 SA、SB 熔丝盒,拆开 SB 熔丝盒盖,用镶嵌在熔丝盒盖上的熔丝拔出器拔出熔丝。

图 1-51 更换遥控钥匙电池

图 1-52 更换熔丝

(2)用万用表检测熔丝是否熔断,使用相同额定电流值的熔丝进行更换,如图1-52所示。

4. 更换备胎

(1)拆下轮胎。在车上找到随车工具,用工具拆下螺母盖,拿出随车工具中的扳手,按照对角交叉原则拆下车轮固定螺母,如图1-53所示。

图1-53 拆下车轮固定螺母

图1-54 安装车轮固定螺母

(2)举升车辆。按照图1-25方法举升一侧车轮。

(3)安装车轮。取出备胎,按照对角交叉原则安装车轮固定螺母,如图1-54所示。

5. 慢充口应急解锁

(1)按照规范,解锁车辆,找到车辆慢充口。

(2)找到车辆应急慢充紧急拉锁并拉动,如图1-38所示。

整理、恢复作业场地。

实训任务总结

小组讨论并汇总车辆应急救援具体实施项目及具体内容,并将小组成员做得不到位的地方进行记录。

_____
_____
_____

 任务评价

新能源汽车事故急救考核评分标准

序号	作业项目	考核内容	配分	评分标准	评分记录	得分
1	安全操作	能按要求完成安全操作	10	1.能进行设备和工具安全检查(5分) 2.能进行车辆安全防护操作(5分)		
2	机械钥匙解锁车辆	能按流程使用机械钥匙解锁车辆	10	能按流程使用机械钥匙解锁车辆(10分)		
3	更换遥控器电池	能采用正确步骤更换遥控器电池	10	能按流程步骤更换遥控器电池(10分)		
4	更换熔丝	能正确更换汽车熔丝	30	1.正确识读电路图(10分) 2.正确找到、拆装熔丝盒盖(10分) 3.正确更换熔丝(10分)		
5	更换备胎	能正确更换汽车备胎	20	1.正确使用工具(10分) 2.正确使用千斤顶并更换备胎(10分)		
6	慢充口应急解锁	能正确解锁慢充口	10	能按流程步骤解锁慢充口(10分)		
7	实验室6S管理	能正确使用工具并按6S管理要求进行	10	1.正确使用工具(5分) 2.现场6S管理(5分)		
8		分数总计	100			

一、填空题

1. 蓄电池的正常工作电压是_____V，当低于正常工作电压时，会导致车辆无法正常解锁。
2. 汽车遥控器钥匙的正常工作电压是_____，且大多数遥控钥匙使用的遥控器钥匙电池类型为_____。
3. 汽车内部 SOS 按钮的含义为_____。

二、选择题

1. 下列（　　）操作无法正确打开车门。
   A. 无钥匙进入系统　　　　　　　B. 遥控解锁
   C. 机械钥匙解锁　　　　　　　　D. 砸开玻璃从内部解锁
2. 下列不属于汽车熔丝的作用是（　　）。
   A. 过载保护　　B. 切断电路　　C. 正常供电　　D. 电磁保护
3. 车辆抛锚时，操作规范的是（　　）。
   A. 继续在车内等候　　　　　　　B. 停在马路中间
   C. 立即开启双闪，车辆靠边　　　D. 下车查看

三、简答题

1. 请简述发生电击后的应急救援方法。

2. 请简述 E-Call 系统工作原理。

项目二 新能源汽车维护准备工作

新能源汽车的迅猛发展对维护和保养工作提出了更高要求。为确保车辆性能与安全，专业、规范的维护流程变得至关重要。维护前的准备工作和检测工具的正确使用，是保障维护质量的基础。同时，新能源汽车特有的高压系统，更需要严谨的操作和严格的安全措施来确保人员和设备的安全。

本项目包含三大任务。首先，聚焦新能源汽车维护前的准备与检测工具的使用。学习者将掌握如何正确准备环境、设备，并熟悉各类检测工具的功能与操作方法，为维护工作奠定坚实基础。其次，关注新能源汽车维护保养作业规范，学习者将学习如何识别高压风险点，遵循正确的操作程序，采取必要的安全防护措施，以确保维护过程的安全与高效。最后介绍新能源汽车维护，学习者将能够正确使用新能源汽车维护计划表。

```
                          ┌── 新能源汽车维护工具使用
新能源汽车维护准备工作 ────┼── 新能源汽车维护保养操作规范
                          └── 新能源汽车维护
```

任务一　新能源汽车维护工具使用

- 知识目标
(1) 了解维护准备的内容。
(2) 掌握常用检测工具的功能和使用方法。

- 技能目标
(1) 能够熟练使用维护检测工具。
(2) 能够根据维护作业内容布置场地、工具和物料。
(3) 能够使用诊断仪读取动力电池相关故障码及数据流。

- 素质目标
(1) 培养学生在项目实施过程中的团队合作、相互沟通、组织管理能力。
(2) 培养学生求真务实、开拓进取的精神。
(3) 培养学生的批判性思维和创新意识。

李伟在一家4S店的维修车间实习,现有一辆新能源汽车存在故障,经技师初步判断为高压系统故障,维修技师安排王鹏布置高压电操作场地并读取动力电池管理系统故障码及数据流。他如何才能够完成这项任务?

一、常用检测工具的认知及使用

(一) 举升机

1. 举升机的认知

汽车举升机是指汽车维修行业用于汽车举升的汽保设备,在汽车维修养护中发挥着至关重要的作用。汽车举升机能将施修的汽车进行举升，使其离开地面一定高度，以便于修理人员进入汽车底部作业。常见举升机有双立柱龙门式举升机、剪式举升机和四柱平台式举升机，如图 2-1 所示。

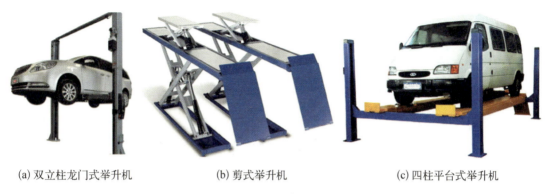

(a) 双立柱龙门式举升机　　　　(b) 剪式举升机　　　　(c) 四柱平台式举升机

图 2-1　举升机

2. 举升机的操作步骤及使用注意事项

（1）举升前检查。

① 接通电源开关，操作所有按钮，要求"手离即停"（手离开按钮时举升机立即停止工作）。两边滑台应同步运行，以保证举升车辆时不会倾斜，且臂锁应能够自动锁紧。

② 橡胶托垫在举升车辆时起到防滑作用，必须完好无损；钢丝绳不能有断丝或锈蚀现象；安全锁要灵敏有效。

③ 油管接头不能有漏油现象。

④ 不得举升超过额定负载以上的车辆，注意长短臂负载比（车头朝向短臂）。

（2）举升操作。

① 打开举升机电源旋钮（控制面板上电源指示灯亮）。

② 将举升机降到最低位置，推动摆动臂向两边伸展成直线，为车辆入位提供方便。

③ 将车辆行驶至合适位置，调整车辆以使得车辆重心尽可能靠近举升机的中心。然后拉驻车制动操纵杆，停好车辆。

④ 慢慢转动摆动臂和托盘至车辆的合适位置，调节摆动臂长度，伸长到合适位置。

⑤ 通过旋转托盘将其调到合适高度，使车辆保持水平，并准确对齐托盘凹槽与车身支撑点位置。对好四个支撑点（汽车底盘的指定位置上），此位置通常钢板加强，可承受较大的力。

⑥ 按下上升按钮举升车辆直至轮胎离开地面，晃动车辆以确保车辆平稳。然后开动举升机，待支点与车辆接触后，重新检查支点位置，确定无误后将车辆举升离地 300 mm。

举升机的使用

⑦ 举升车辆时,工作人员应离开车辆,举升机下禁止站人。举升到需要高度时,必须插入保险锁销,并确保安全可靠才可开始车底作业。

(3) 下降操作。

放下车辆前应先确保车下无任何人员及物品,将安全保险锁销打开,再按下降按钮使车辆缓慢下降至举升臂放至最低为止,移开举升臂,驶出车辆。

(二) 数字万用表

1. 万用表的认知

万用表是一种多功能、多量程的测量仪器。无论是在新能源汽车维护,还是在新能源汽车故障诊断与维修方面,万用表都是最常用的检测工具。一般数字万用表可测量直流/交流电流、直流/交流电压、电阻、电容、二极管等。数字万用表如图2-2所示。

图2-2 数字万用表　　　图2-3 万用表表笔插孔

(1) 万用表的插孔功能。万用表表笔插孔如图2-3所示,其输入插孔符号及含义见表2-1。

表2-1 万用表输入插孔符号及含义

符　号	含　义
10 A	红表笔插孔,用于测量10 A以内的较大的电流
mA	红表笔插孔,用于测量较小的电流(以毫安为挡位)
COM	黑表笔插孔,公共端
VΩHz	红表笔插孔,用于测量电容、电压、电阻、二极管和频率等

（2）万用表的旋钮开关功能。万用表的旋钮开关如图 2-4 所示,其符号及含义见表 2-2。

图 2-4　万用表的旋钮开关

表 2-2　万用表的旋钮开关符号及含义

符　号	含　　义	符　号	含　　义
V～	交流电压测量	▶⊢	二极管,PN 结正向压降测量
V⎓	直流电压测量	•))	电路通断测量
Ω	电阻测量	hFE	三极管放大倍数 β 测量
A⎓	直流电流测量	mF	电容单位:毫法
A～	交流电流测量	NCV	非接触感应交流电压测量

（3）万用表按键开关的含义。万用表功能按键如图 2-5 所示,其符号及含义见表 2-3。

图 2-5　万用表功能按键

表 2-3 万用表功能按键符号及含义

符 号	含 义
HOLD/SELECT	在二极管与蜂鸣器的挡位为手动转换键;在 AC750 V 档触发时可测 220 V 及 380 V 的市电,其他挡为锁存功能长按为背光的开启与关闭
TRUE/AVG	真有效值/平均值/:短触发,真有效值/平均值转换

2. 万用表的检查与使用注意事项

(1) 在使用万用表测量之前,首先要检测万用表是否能正常工作。

① 将"功能量程旋钮开关"从"OFF"位旋到其他任何一个挡位,万用表LCD屏应能正常亮起。

② 如果万用表LCD屏不能够正常亮起,请检查与更换万用表电池,安装电池时要注意区分其极性。

③ 将万用表的红色表笔插入电阻挡的测试接口,黑色表笔插入COM接口。

④ 将挡位打到电阻挡。

⑤ 将红色测量笔与黑色测量笔短接,如果测量到的阻值非常小(小于0.5 Ω),则说明万用表内部的熔丝正常,可以进行测量,如图2-6所示。

(2) 万用表的使用注意事项。

① 如果被测电阻开路或阻值超过最大量程时显示"OL"。

② 当测量在线电阻时,在测量前必须先将被测电路内的所有电源关断,并将所有电容器残余电荷放尽,才能保证测量准确。

③ 在低阻测量时,表笔及仪表内部的引线会带来0.2~0.5 Ω电阻的测量误差。

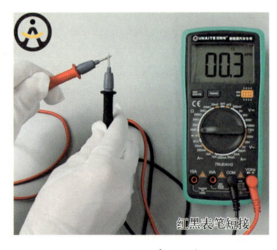

图 2-6 万用表的检查

④ 当表笔短路时的电阻值不小于0.5 Ω时,应检查表笔是否有松脱现象或其他原因。

⑤ 测量1 MΩ以上的电阻时,可能需要几秒钟后读数才会稳定。这对于高阻的测量属于正常。为了获得稳定的读数,尽量选用短的测试线或配用附件提供的转接插头进行测量,效果更为理想。

⑥ 在完成所有的测量操作后,要断开表笔与被测电路的连接。

（三）故障诊断仪

1. 故障诊断仪的认知

汽车故障诊断仪是汽车维修中非常重要的工具。在汽车某系统发生故障时，用户可以使用汽车故障诊断仪读取该系统故障码和数据流，来诊断故障可能发生的部位和原因，如图2-7所示。

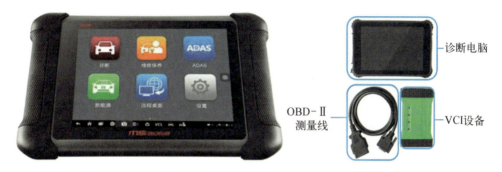

图 2-7　故障诊断仪

故障诊断仪一般有如下功能。

【菜单键】：进行数据的保存，以备后续进行历史记录的查询。

【读故障码】：读取存储在发动机系统中的故障码和故障码详细信息，并针对读出的故障码给出故障产生的原因及维修指导信息。

【清除故障码】：清除系统中的所有故障码。

【动态数据流】：阅读所有和 ECU 系统相关的运行参数。

【冻结帧数据】：当出现与排放相关的故障时，ECU 会设置故障码，同时也会记录故障发生瞬间的车辆运行状态信息，以确认故障，这些记录的信息被称为冻结帧。

【准备测试】：用于检测汽车当前的准备测试状态，在诊断软件界面点击"准备测试"选项，屏幕显示本车支持该类测试的状态。

——支持且完成：表示本车支持该类测试并已完成。

——支持但未完成：表示本车支持该类测试但尚未完成。

——不支持：表示本车不支持该类测试。

【车辆信息】：读取车辆的信息，如车辆识别码 VIN、校准标识 CALID 和校准验证号 CVN。

【传感器测试】：这项服务是为了氧传感器监控测试结果的访问。

【模式 6 测试】：这项服务是允许特定组件/不连续监测系统的诊断监测试验的结果。

【蒸发排放系统泄漏测试】：这项服务的目的是使外部测试设备控制板上的系统、测试或组件的运作。

现在的汽车都实行了 OBD-Ⅱ标准,故 OBD-Ⅱ插头为常用插头,OBD-Ⅱ插头及诊断插座如图 2-8 所示。

图 2-8 OBD-Ⅱ插头及诊断插座

2. 故障诊断仪的诊断流程

故障诊断仪大都随机带有使用手册,按照说明极易操作。一般来说有以下几步。

(1) 连接诊断仪。

(2) 诊断电脑与诊断仪建立通信。

(3) 打开诊断仪电源,根据车型,进入相应诊断系统。

(4) 读取故障码,如图 2-9 所示。

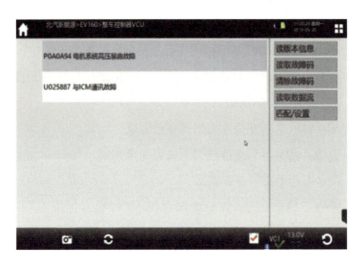

图 2-9 读取故障码

(5) 查看数据流,如图 2-10 所示。

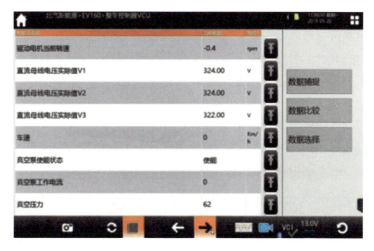

图 2-10 查看数据流

(6) 诊断维修之后清除故障码。

(四) 绝缘电阻测试仪

1. 绝缘电阻测试仪的认知

绝缘测试仪又叫数字兆欧表,是一种用于测试电气设备或线路的绝缘性能的工具。它可以帮助我们检测设备是否存在绝缘故障,确保设备的安全运行。数字绝缘电阻测试仪按键及表笔插口含义如图 2-11 所示。该绝缘电阻测试仪适用于测量

故障诊断仪的使用

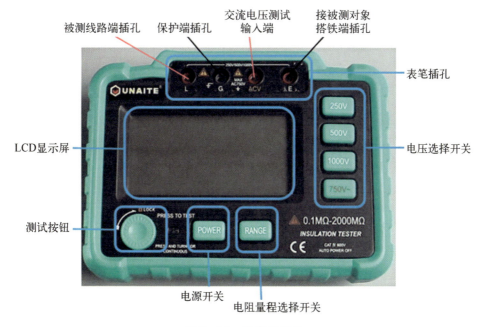

图 2-11 绝缘测试仪

变压器、电机、电缆、开关、电器等各种电气设备及绝缘材料的绝缘电阻,对各种电气设备进行维修保养、试验及检定。

数字绝缘电阻测试仪的基本功能、量程以及基本精度如表 2-4 所示。

表 2-4 数字绝缘电阻测试仪功能

基本功能	量 程		基本精度
绝缘电阻 Ω	输出电压	100 V/250 V/500 V/1 000 V	0%～10%
	100 V	0～100 MΩ	±(3%+5%)
	250 V	0～99.9 MΩ	±(3%+5%)
		100 MΩ～5.5 GΩ	±(5%+5%)
	500 V	0～99.9 MΩ	±(3%+5%)
		100 MΩ～5.5 GΩ	±(5%+5%)
	1 000 V	0～99.9 MΩ	±(3%+5%)
		100 MΩ～5.5 GΩ	±(5%+5%)
	测试电流	100 V(R=100 kΩ)1 mA	0%～10%
		50 V(R=50 kΩ)1 mA	
		250 V(R=250 kΩ)1 mA	
		500 V(R=500 kΩ)1 mA	
		1 000 V(R=1 000 kΩ)1 mA	
	短路电流		<2 mA
交流电压	30 V～70 V		±(2%+3%)

2. 绝缘测试仪使用操作流程

(1) 绝缘测试仪的有效性检查。在使用绝缘测试仪测量绝缘电阻之前,需要检测绝缘测试仪是否能够正常工作。测试步骤如下。

① 将红色测量线插入 L 插孔,黑色测量线插入 E 插孔。

② 按下电源开关"POWER"按键。

③ 将测量探头置于空气中按下测试按钮,读取测量值,仅最高位显示"1",表示超过量程,如图 2-12 所示。

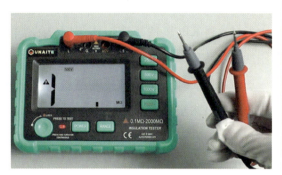

图 2-12 绝缘测试仪的检查 1

图 2-13 绝缘测试仪的检查 2

④ 将红、黑测量探头短接约 2 s,接触时测试阻值为"0"MΩ,说明绝缘电阻测试仪良好,可以正常使用,如图 2-13 所示。

注意事项:在使用绝缘测试仪时,务必注意安全。在执行开路测试时,禁止使用身体部位触碰测试探头,如图 2-14 所示。使用过程中确保测试环境干燥,定期检查和校准绝缘测试仪,以确保测试结果的准确性。

(2) 使用绝缘测试仪测量绝缘电阻。

① 将红色测量线一端插入绝缘测试仪 L 插孔,另一端接电机测量端。黑色测量线一端插入绝缘测试仪 E 插孔,另一端接搭铁。

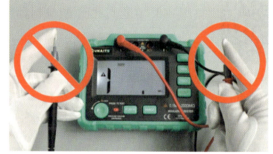

图 2-14 绝缘测试仪的检查 3

② 根据测量需要选择测试电压(250 V/500 V/1 000 V)。

③ 根据测量需要选择量程开关(RANGE),电阻量程选择开关含义如表 2-5 所示。

表 2-5 绝缘电阻量程

RANGE 绝缘电阻		
	▇	250 V:0.1~20 MΩ 500 V:0.1~50 MΩ 1 000 V:0.1~100 MΩ
	▄	250 V:20~500 MΩ 500 V:50~1 000 MΩ 1 000 V:100~2 000 MΩ

图 2-15 绝缘测试仪的使用

④ 按下测试开关,测试即开始,向右侧旋转可锁定按钮开关,当显示稳定后,即可读数,如图 2-15 所示。

3. 绝缘测试仪使用注意事项

(1) 测试电压选择键不按下时,输出电压插孔上将可以输出高压。

(2) 测试时不允许手持测试端,以保证读数准确及人身安全。

(3) 仪表不宜置于高温处存放,避免阳光直接照射,以免影响液晶显示器的寿命。

(4) 电池能量不足有符号"➕"显示,请及时更换电池。长期存放时应及时取出电池,以免电池漏液损坏仪表。

(5) 空载时,如有数字显示,属正常现象,不影响测试。

(6) 在进行兆欧测试时,如果显示读数不稳定,可能是环境干扰或绝缘材料不稳定造成的,此时可将"G"端接到被测对象屏蔽端,即可使读数稳定。

(7) 为保证测试安全性和减少干扰,测试线采用硅橡胶材料,请勿随意更换测试线。

绝缘电阻测试仪的使用

(五) 示波器

1. 示波器的认知

如图 2-16 所示为手持式数字存储示波器,同时具有数字示波器和万用表的功能,并且操作简单、功能明晰,对于初学者而言很容易上手。在维修通信方面故障的过程中,通常使用示波器检测波形来判断通信方面是否存在故障。

示波器的主要功能如下。

(1) 显示电信号波形:通过示波器的荧光屏,能够以曲线的形式显示电信号的变化,包括振幅、频率、周期等信息。

(2) 捕捉瞬态信号:示波器能够捕捉短暂的瞬态信号,如电路中的瞬变和电脉冲等。

(3) 测量信号参数:示波器能够对电信号进行测量,包括电压、电流、时间等参数,可以精确地分析电路的性能和故障。

(4) 存储和回放波形:示波器可以存储电信号的波形和参数,以供后续的分析和比较,并可回放该波形以显示和检测电路效果的变化。

项目二　新能源汽车维护准备工作

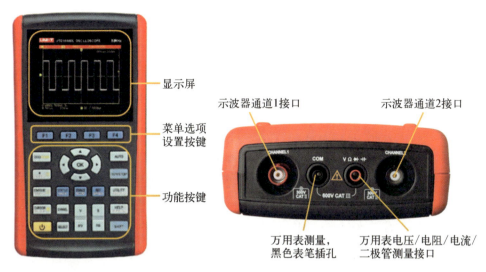

图 2-16　手持式数字存储示波器(正面和顶部)

2. 示波器的使用

(1) 示波器的常用按键功能。

在示波器方式下,常用按键功能如图 2-17 所示。

图 2-17　示波器常用按键功能

(2) 示波器使用检查。

① 连接示波器测量线连接至 CH1 通道。

② 将探头倍率设定为 10 倍。

③ 将探头上开关调整 10 倍。

示波器的使用

④ 将测量线探头连接至补偿信号发生器输出口上。

⑤ 按下 AUTO 按键。

⑥ 查看示波器波形,波形显示补偿过度。

⑦ 整探头上的可变电容,直到波形恢复补偿正确,如图 2-18 所示。

 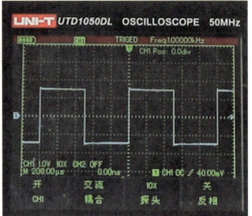

图 2-18　波形恢复补偿正确

(3) 用示波器测量 CAN 线波形。

① 打开 CH1 通道,调整示波器量程 1 V,示波时基 20 μs,耦合调整为直流。

② 测量 CAN-H 线路波形,可以通过 V 与 mV 调节垂直刻度范围,升挡与降挡;S 与 NS 调节示波时基,方向键可以垂直/左右移动波形,如图 2-19 所示。通过检测波形,可以判断通信线路是否存在故障。

 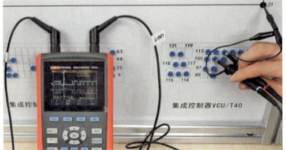

图 2-19　测量 CAN-H 线路波形　　图 2-20　双通道测试 CAN-H 和 CAN-L 波形

③ 将 CH1 和 CH2 双通道全部启用,可以同时测量 CAN-H 和 CAN-L 波形,此波形上下对称,如图 2-20 所示。

(六) 绝缘工具

由于新能源汽车上布置有高压部件和高压线路,所以新能源汽车的维护维修与传统燃油车的维修不同。为了保护维修人员的安全,在拆装高压部件时,必须使用绝缘工具。典型绝缘工具如图2-21所示。

图2-21 典型绝缘工具

(七) 放电工装

新能源汽车动力电池以及电机控制器带有电容,即使整车断电,电容仍然会储存一部分电量,因此需要维护人员使用放电工装对高压端头进行放电,避免带电作业造成触电伤害。放电工装如图2-22所示。

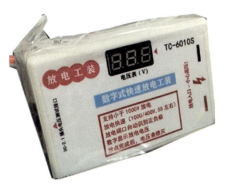

图2-22 放电工装

(八) 轮胎气压表

1. 轮胎气压表的认知

轮胎气压表是一种调整和检测轮胎气压的工具,主要由表盘、放气阀、气管、充气口、气门连接口等组成,数字式LED胎压表如图2-23所示。

2. 轮胎气压表的使用注意事项

轮胎气压表的具体操作步骤如下。

(1) 使用前需要进行轮胎气压表误差的校验。

(2) 取下轮胎气门嘴盖,将轮胎气压表的气门连接口垂直用力压入轮胎。

(3) 根据车门侧的轮胎气压要求,调节轮胎气压,如图2-24所示。

(4) 调节完毕后,将轮胎气门嘴盖盖回。

(5) 轮胎气压表使用完毕后,按住放气阀门,使轮胎气压表指针归零。

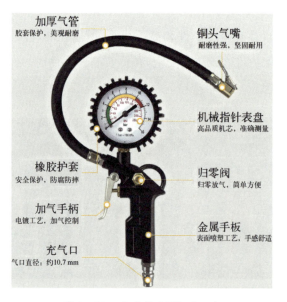

图 2-23 数字式 LED 胎压表

图 2-24 调节轮胎气压

(九) 轮胎花纹深度尺

轮胎是汽车构成部件中唯一与地面接触的部位,所以汽车在使用的过程中,轮胎会不断磨损,磨损的轮胎将会降低汽车与地面之间的摩擦力,严重的话可能导致事故的发生,所以轮胎的维护保养对于保证汽车正常行驶起着至关重要的作用。技师需要使用轮胎花纹深度尺对轮胎磨损深度进行测量,数显胎纹花纹深度尺如图 2-25 所示。

为了保证车辆行驶安全,规定了车辆轮胎的磨损极限,我国国家标准规定轿车用的子午线轮胎花纹磨损极限为 1.6 mm。当轮胎磨损到指示标志位置时,就说明轮胎已经磨损到了极限,则必须更换轮胎。技师可以使用轮胎花纹深度尺来测量轮胎花纹的深度,以判断轮胎

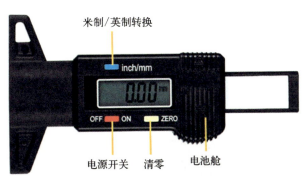

图 2-25 数显胎纹花纹深度尺

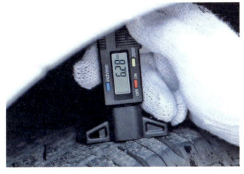

图 2-26 测量轮胎花纹深度

的磨损程度。测量轮胎花纹深度时,需要找准测量位置,如果胎面有任何一个地方的花纹深度低于 1.6 mm,都要对轮胎进行更换,如图 2-26 所示。为了保证车轮行驶性能,建议夏季轮胎花纹深度不低于 3 mm,冬季花纹深度不低于 4 mm。

> **"1+X"考证技能点**
>
> 温馨提示:要求考生具备高压防护,电路电压、导通检测,故障码数据流读取,模块及电子元件波形检测等技能,这些技能几乎贯穿所有智能新能源汽车项目模块当中。同学们在日常学习过程中,要能够熟练使用绝缘设备、多功能万用表、示波器、故障诊断仪、高压检测工具、接地电阻表、背插针等。

二、新能源汽车维护作业前准备

(一) 人员配备

新能源汽车维护人员需经专业培训合格后,持应急管理部门颁发的电工"特种作业操作证"上岗,如图 2-27 所示,还应遵守电工安全操作规范。在进行高压系统维护时,至少 2 人或 2 人以上同时操作。

(二) 人员安全

在进行新能源汽车维护作业时,保障在场人员安全是第一位的,特别是对高压系统进行维护时,更应该做好防护。高压系统维护作业人员首先要熟悉高压设备和线路,穿戴高压防护用具(不能佩戴金属饰品),包括绝缘手套、绝缘防护服、绝缘鞋等防护用具,以保证自身安全,如图 2-28 所示。进行作业过程中,作业人员还需要使用具备绝缘防护功能的工具,如图 2-29 所示。

图 2-27 特种作业操作证

图 2-28 个人绝缘防护工具

图 2-29 维护绝缘防护工具

(三) 场地准备

在进行维护作业前,要对场地进行一些布置,其具体要求如下。

(1) 场地需要保持干燥、通风良好、光线充足,且地面要平整宽敞。

(2) 场地周边不得放置大功率电气设备、不得有易燃物品及与工作无关的金属物品,气路、电路要完整安全。

(3) 场地工作区域应设置警示隔离区和警示牌,警示牌、标线要清晰,且隔离距离要在正常范围内。

(4) 场地工作区域需要有专用的高压防护工位。

(5) 场地应配备消防及高压防护应急设备,包括但不限于消防剪、消防沙、消防铲、灭火器、防毒面罩和绝缘棒等。

(6) 车辆操作区域的地面要求铺设绝缘垫,为确保安全,要求作业前应使用绝缘测试仪(或万用表)进行绝缘性能检查。

(7) 场地要求配备专用工具,而且专用工具的安全防护等级要符合要求,外观、性能要完好,摆放要整洁有序。

(8) 无关人员和未经过高压安全培训的人员,不得进入维护作业场地。

(四) 物料和工具准备

1. 物料准备

根据维护保养的项目需要,提前配置所需辅料、附件等。

2. 工具设备准备

新能源汽车维护保养所需的设备需要根据维护保养的种类、内容不同提前准备,如个人防护装备、常用工具、查询资料、专用工具和紧急救援装备等。

 任务实施

一、实训场地和器材

新能源汽车作业工位、绝缘手套、绝缘鞋、绝缘安全帽、护目镜、防静电服、绝缘工具、安全锁、隔离桩、警示牌、绝缘垫、灭火器、车辆挡块、绝缘电阻测试仪。

二、作业准备

作业前准备包括场地布置、防护装备检查穿戴、仪器设备检查、汽车防护三件套安装等。

(1) 设置安全隔离,并设置高压警示牌,如图 2-30 所示。

图 2-30 设置高压警示牌

图 2-31 个人防护用品

新能源汽车维护与保养作业安全规范

新能源汽车常见十大错误操作及危害

(2) 检查并穿戴个人防护用品,如图 2-31 所示。

(3) 检查并调校设备仪器,如图 2-32 所示。

(4) 检查绝缘工具,如图 2-33 所示。

图 2-32　检查并调校设备仪器

图 2-33　检查绝缘工具

（5）实施车辆防护，如图 2-34 所示。

图 2-34　实施车辆防护

三、操作步骤

（1）记录车辆信息，如图 2-35 所示。

（2）连接诊断仪。

（3）踩下制动踏板，按下点火开关，如图 2-36 所示。

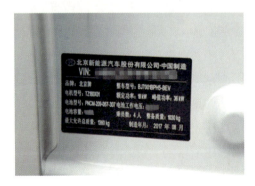

图 2-35　汽车铭牌图

图 2-36　打开点火开关

（4）诊断电脑与诊断仪建立通信。

（5）打开诊断仪电源，根据车型，进入相应诊断系统。

（6）读取故障码，如图 2-37 所示。

（7）读取数据流，如图 2-38 所示。

图 2-37　故障码　　　　　　　　图 2-38　数据流

整理、恢复作业场地。

_____

_____

_____

_____

_____

素养加油站

"大国工匠"李凯军

李凯军，一汽集团公司、吉林省高级专家。中国汽车工业工匠，全国劳动模范。2002 年、2007 年被人社部授予"中华技能大奖""中国高技能人才十大楷模"称号；2003 年被全国总工会授予全国五一劳动奖章，2010 年被国务院授予全国劳动模范称号；2017 年被中国汽车工业咨询委员会、中国汽车人才研究会、中国机械工业企业管理协会评为"2016 中国汽车业十大工匠";2019 年获评"大国工匠年度人物"。

像绝大多数"大国工匠"一样,李凯军也来自技工学校。1989 年 7 月,他从中国一汽技工学校维修钳工专业毕业,直接走进了一汽集团旗下的铸造有限公司铸造模具厂,当了一名模具制造钳工。

2000 年 8 月,一汽准备试制 75 kg/m 变速器。李凯军作为担纲者承担变速器上盖模具的制造任务。上盖模具的工艺要求非常高,平面误差必须控制在 0.1 mm 之内,铸件孔位的误差不能超过 0.05 mm;壁厚必须控制在 3.5~3.7 mm 之间。这么精细的要求,通常需要 6 个月的时间去打磨。但为了配合整车的出厂要求,一汽只给了铸造模具厂两个月的时间。如果按照老章程,即使加班加点也赶不出来。李凯军根据这套模具的特点,结合自己的实践经验,先行与设计人员讨论沟通,进行工艺改进。一点点改进还不行,算下来仅这一套模具的改进和革新不少于 8 项。经过两个月的紧张忙碌,模具如期完工。

高压电操作场地的布置、读取动力电池系统数据流		任务工单	班级	
			姓名	

1. 车辆信息

品牌		整车型号		生产日期	
驱动电机型号		动力电池额定电压		额定功率	
额定容量		车辆识别码		行驶里程	

2. 高压电操作场地布置

检查并设置隔离桩	□是 □否
安装警戒带和高压电警示牌	□是 □否
检查并设置绝缘垫	□是 □否
安装车辆绝缘翼子板布和格栅垫	□是 □否
安装车内四件套	□是 □否
安装后车轮挡块	□是 □否
检查灭火器有效性	□是 □否
检查安全锁	□是 □否

续 表

3. 个人高压防护用具检查		
检查绝缘手套	□是	□否
检查绝缘安全帽	□是	□否
检查绝缘鞋	□是	□否
检查绝缘服	□是	□否
检查护目镜	□是	□否
4. 读取动力电池系统数据流		
读取电池包实际 SOC 标定值标准值	□是	□否
读取最低单体电池电压标准值	□是	□否
读取电池组总电流标准值	□是	□否
读取电池组总电压标准值	□是	□否
读取电池组平均温度标准值	□是	□否
读取绝缘电阻标准值	□是	□否
读取最大允许充电功率标准值	□是	□否
读取最大允许放电功率标准值	□是	□否

任务评价

姓名			班级		学号		总分	
高压电操作场地的布置、读取动力电池系统数据流【评分细则】									
评分项	评分条件		评分标准	配分	得分	个人评价	生生互评	教师评价
工位 7S 操作	□整理、整顿 □清理、清洁 □素养、节约 □安全		未完成一项扣 2 分	8		□熟练 □不熟练	□熟练 □不熟练	□熟练 □不熟练

续 表

评分项	评分条件	评分标准	配分	得分	个人评价	生生互评	教师评价
高压电操作场地布置	□正确检查并设置隔离桩 □正确安装警戒带和高压电警示牌 □正确检查并设置绝缘垫 □正确安装车辆绝缘翼子板布和格栅垫 □正确安装车内四件套 □正确安装后车轮挡块 □正确检查灭火器有效性 □正确检查安全锁	未完成一项扣3分	21		□熟练 □不熟练	□熟练 □不熟练	□熟练 □不熟练
个人高压防护用具检查	□正确检查绝缘手套 □正确检查绝缘安全帽 □正确检查绝缘鞋 □正确检查绝缘服 □正确检查护目镜	未完成一项扣3分	15		□熟练 □不熟练	□熟练 □不熟练	□熟练 □不熟练
工具及设备检查使用能力	□作业过程做到工具不落地 □作业过程做到零件不落地 □使用工具前对工具量具进行校准 □使用工具后对工具量具进行清洁 □作业完成后对工具进行复位 □正确断开高压维修开关，并等待5 min以上	未完成一项扣3分	18		□熟练 □不熟练	□熟练 □不熟练	□熟练 □不熟练

续　表

评分项	评分条件	评分标准	配分	得分	个人评价	生生互评	教师评价
读取动力电池系统数据流	☐能读取并判断电池包实际SOC标定值标准值 ☐能读取并判断电池组总电流标准值 ☐能读取并判断电池组总电压标准值 ☐能读取并判断电池组平均温度标准值 ☐能读取并判断绝缘电阻标准值 ☐能读取并判断最大允许充电功率标准值 ☐能读取并判断最大允许放电功率标准值 ☐能读取并判断最低单体电池电压标准值	未完成一项扣4分	28		☐熟练 ☐不熟练	☐熟练 ☐不熟练	☐熟练 ☐不熟练
表单填写与报告的撰写能力	☐字迹清晰 ☐语句通顺 ☐无错别字 ☐无涂改 ☐无抄袭	未完成一项扣2分	10		☐熟练 ☐不熟练	☐熟练 ☐不熟练	☐熟练 ☐不熟练
分数总计							

任务拓展

一、填空题

1. 常见举升机有＿＿＿＿、＿＿＿＿和＿＿＿＿举升机。
2. 在进行高压系统维护时，至少＿＿＿＿同时操作。
3. 绝缘测试仪又叫＿＿＿＿，是一种用于测试电气设备或线路的绝缘性能的工具。

二、选择题

1. 关于示波器，下列（　　）说法是正确的。

   A. 示波器可测量电压和电流信号　　　　B. 示波器一般有多个通道

   C. 示波器能测量波形的周期与幅值　　　D. 示波器不可以同时显示两个波形

2. 关于诊断仪，下列（　　）说法是不正确的。

   A. 故障码可以读取且不可以清除

   B. 在清除故障码后连接蓄电池电缆时，必须在点火开关处于闭合位置时进行

   C. 故障诊断仪俗称解码器，是一种多功能的诊断检测仪器

   D. 诊断仪是用于检测故障、读取信息或匹配参数的智能设备

3. 检测高压电缆的导通性，使用的设备是（　　）。

   A. 绝缘表　　　　　B. 毫欧表　　　　　C. 万用表　　　　　D. 示波器

三、简答题

请简述万用表的检查与使用注意事项。

任务二　新能源汽车维护保养操作规范

- **知识目标**
(1) 掌握新能源汽车高压事故应急措施。
(2) 掌握新能源汽车高压作业安全措施。
(3) 熟悉新能源汽车高压电安全操作规范。
(4) 理解工作场所安全标识的含义。

- **技能目标**
(1) 能够正确识别新能源汽车上的高压部件。
(2) 能够及时有效处理新能源汽车高压事故。
(3) 能够对安全防护装备进行有效性检测。
(4) 能够正确完成新能源汽车高压上下电操作流程。

- **素质目标**
(1) 培养学生在项目实施过程中的团队合作、相互沟通、组织管理能力。
(2) 培养学生求真务实、开拓进取的精神。
(3) 培养学生的批判性思维和创新意识。

李伟在一家4S店的维修车间实习,现有一辆新能源汽车存在故障,师傅安排他完成下电操作标准流程和上电操作标准流程。他如何才能够完成这项任务?

一、高压电防护和高压防护工具的认知使用

(一) 新能源汽车高压安全防护设计

2020年5月12日,《电动汽车安全要求》(GB 18384 – 2020)《电动客车安全要求》

(GB 38032—2020)和《电动汽车用动力蓄电池安全要求》(GB 38031—2020)发布,并于2021年1月1日开始实施。所有新能源厂家必须依照以上安全规定设计及生产。

相比传统的内燃机汽车,电动汽车在危险工况或车辆发生故障时,发生危险的不同点在于可能存在高压安全隐患,为了避免高压电气系统带来的危害,新能源汽车采取下列高压安全设计。

(1)颜色编码和警告标志/警示语。

(2)防止意外接触带电部件。

(3)电气隔离。

(4)监控绝缘电阻。

(5)高压互锁。

(6)维护/维修插头。

(7)安全气囊展开时关闭高压系统。

1. 颜色编码和警告标志/警示语

所有高压电缆和插接件均为橙色部件,当无法确定部件是否带电时,自行假定有高压危险,必须遵守正确的安全预防措施进行操作。高压部件上通过警告标签用于保护和警告可能接触车辆上各种高压部件的所有人员。图2-39所示为颜色编码与警告标语。

图2-39 颜色编码与警告标语　　　　图2-40 防止意外触电插接器

2. 防止意外接触带电部件

所有高压线缆的针脚及插孔金属部分均低于插接器端子表面,防止操作人员直接接触插接器针脚或插座。部分高压针脚通过金属屏蔽罩进行屏蔽,防止操作人员误接触针脚。图2-40所示为防止意外触电插接器。

3. 电气隔离

在电动车辆上,低压电系统和高压电系统进行隔离,预防意外情况下高压电通过低压回路,从而损伤车辆低压电气系统或造成触电风险。

4. 绝缘电阻监测

当车辆发生高压电路绝缘失效故障时,高电压和大电流将会危及车上乘客的人身安全,同时还会影响低压电器和车辆控制器的正常工作。出于对电动汽车的可靠性和安全性考虑,针对电动汽车高压系统的绝缘监测和自动诊断功能的设置具有极其重要的意义。监测的目的是使车辆能够检测整个高压车载电气系统中的绝缘故障。如果系统监测到高压车载电气系统绝缘电阻值低于设定值,则控制单元会切断高压系统,并直接在仪表显示车辆绝缘故障和点亮绝缘故障指示灯,提醒驾驶员和维修人员注意安全,同时车辆也无法起动。

图 2-41 所示是丰田混合动力车型的绝缘电阻检测电路。电动汽车内置于动力蓄电池 ECU(蓄电池智能单元)的"漏电检测电路"持续监视高压电路和车身搭铁之间的绝缘电阻保持不变。如果绝缘电阻降至低于规定级别,则存储一个 DTC(高压绝缘异常),且利用组合仪表显示(警告灯,如主警告灯亮起)将异常告知驾驶员。

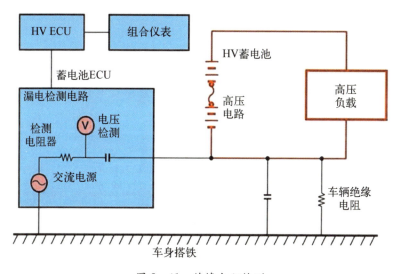

图 2-41 绝缘电阻检测

5. 维修安全

新能源汽车的维修安全主要是防止高压触电,因此,维修人员对高电压类型汽车进行操作之前应保证不会有触电风险,为此大多数汽车在系统上设计有维修开关。

(1) 维修开关。如图 2-42 所示为新能源汽车的维修开关。当断开维修开关后,动力蓄电池动力立即中断。断开维修开关时应当遵从以下流程,一般断开低压蓄电池,须等待 5 min 才能断开维修开关,然后进行高压验电,之后再进行高压部件的检查。

图 2-42 维修开关

图 2-43 开盖检查

维修插头结构与工作原理

（2）开盖检查。如图 2-43 所示为高压部件的盖子上设立的开盖检查开关（低压）。在检测开关打开（盖子被打开）时，高压控制系统（整车控制器 VCU、动力电池管理模块 BMS）切断高压电。

6. 高压互锁

高压互锁回路 HVIL 系统是一个 12 V 低压闭合型回路，有特定的控制模块监控回路输出与返回信号。图 2-44 所示为高压互锁。高压互锁回路与整个高压回路集成在一起，如果断开回路中的任何部件，互锁信号的中断意味着电路成为开路状态，高压动力电池组将不再提供高压电。

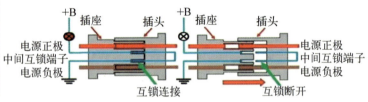

图 2-44 高压互锁

在高压车载电气系统布置导电回路，使整车在高压上电前确保整个高压系统的完整性，让高压处于一个封闭的环境下工作，提高系统的安全性。当导电回路传递的信号中断时，高压蓄电池的接触器就会断开整个高压车载电气系统。

高压互锁状态由动力电池控制模块 BMS 和整车控制器 VCU 监测，当整车在运行过程中高压系统回路断开或者完整性受到破坏时，VCU 或 BMS 发现高压互锁异常后，将立即启动安全防护并切断高压系统。高压互锁电路也可防止在维修高压系统时，带电插拔高压连接器给高压端子造成的电弧损坏。

7. 碰撞安全

新能源汽车除了传统汽车的碰撞保护需求之外,还应当满足以下要求:① 碰撞过程中避免乘员和行人遭受触电风险;② 碰撞过程中在保证人员安全的情况下,尽量保护关键零部件不受损坏;③ 碰撞后保证维修和救援人员没有触电风险,自动切断输出的高压电路。

(1) 碰撞控制策略。当车辆检测到碰撞时,如图 2-45 所示,通过气囊模块与整车控制器和动力电池管理单元进行通信,对其发送碰撞指令;电源管理系统收到相应信息后,动力电池断开动力系统的高压电,同时停止发电机的操作(电动机和 DC/DC 转换器),也会对危险电压范围内的中间电路电容器进行自放电,从而有效避免危险的进一步发生。

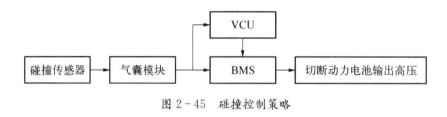

图 2-45　碰撞控制策略

(2) 惯性开关电路。如图 2-46 所示,有的车型将惯性开关串联到高压接触器的供电回路中,当发生碰撞时,惯性开关断开,从而切断高压接触器的供电电源,此时动力电池的高压输出便会被"物理性"断开,保护了乘员、行人、维修和救援的安全。

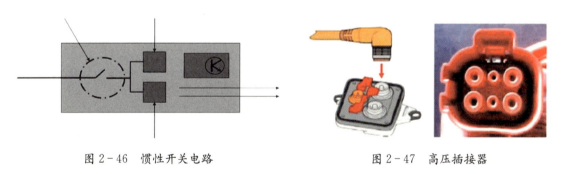

图 2-46　惯性开关电路　　　　　图 2-47　高压插接器

8. 电气安全

新能源汽车的电气安全主要包括以下方面:① 防止人员接触高压电;② 电池能量的合理分配;③ 充电时的高压安全;④ 行驶过程中的高压安全;⑤ 碰撞时的电气安全;⑥ 维修时的电气安全。

(1) 高压插接件。如图 2-47 所示,高压部件的绝缘插接件既可防止维修人员直接接触到高压电,还可防水、防尘、减小高压系统绝缘出现问题的风险。

(2) 高压接触器。高压接触器相当于传统汽车的主继电器,实际上也是一个大功率的继电器，用于控制高压导线正负极导线之间的接通与断开，如图2-48所示。高压接触器安装在动力电池外部高压回路之间，通常位于动力电池组总成内部或独立安装在高压控制器盒中。

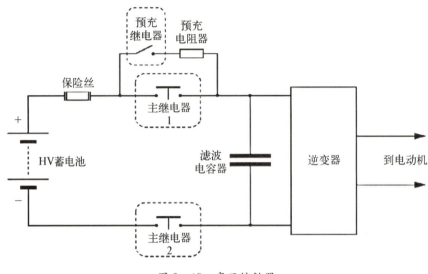

图2-48 高压接触器

（3）预充电回路。高压系统中设计有预充电回路，主要由预充电电阻构成。在动力电池输出高压电之前，先通过预充电回路对电池外部的高压系统进行预充电。如图2-49所示，由于高压部件的高压正、负极之间设计有补偿电容，如果没有预充电电阻，那么在高压回路导通瞬间补偿电容将会由于瞬间电流过大而烧毁。

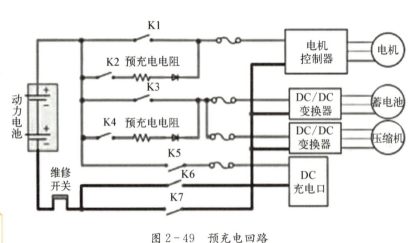

图2-49 预充电回路

（二）高压部件识别

电动汽车高压系统主要由动力电池、驱动电机、高压配电箱PDU、电动压缩机、DC/DC变换器、OBC、PTC等部件组成，如图2-50所示。

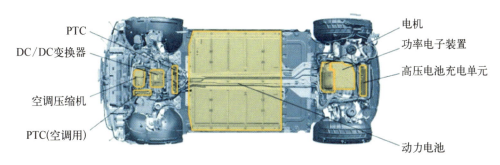

图 2-50　电动汽车高压系统组成

1. 动力电池

动力电池是电动汽车的储能物体，其作用是通过给动力电池充电，存储电能以驱动整车。动力电池一般由 BMS 控制，主要是通过控制单体电池温度来控制单体电池一致性，从而保证整车电压的稳定性，如图 2-51 所示。

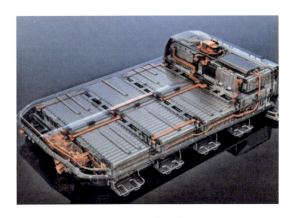

图 2-51　动力电池

图 2-52　驱动电机

知识链接

甲醇汽车

吉利是我国最早投入甲醇汽车研发并且实现产业化的车企。经过二十载的研发，吉利不仅攻克了低温冷起动、耐甲醇材料开发、专用润滑油开发、专用添加剂开发、排放控制、甲醇电喷控制系统等多项关键技术，还掌握了"以捕捉 CO_2 循环制取甲醇"新技术，拥有甲醇汽车整车研发、制造、销售的全链体系能力，也真正从燃料应用全生命周期的角度，践行环保、低碳、绿色理念。吉利甲醇汽车技术已实现全球领先，不仅是新能源汽车甲醇赛道的开拓者，更是全球甲醇汽车技术的引领者。

高压部件的识别

2. 驱动电机与电机控制器 MCU

电机控制器作为整车"大三电"之一,在整车中也是比较关键的一个零部件。它的作用是通过接收 VCU 控制指令,如转速、转矩等指令,从而控制整车的低速、高速、前进、后退等动作。如图 2-52 所示为帕萨特 PHEV 的三相电流驱动电机 VX54,电驱动装置中使用了一个永久励磁同步电机。该电机安装在 1.4L-110 kW-TSI 发动机和 6 挡双离合器变速器之间。

3. 高压配电箱 PDU

高压配电箱的作用是确保整车高压用电安全,是整车高压电的一个电源分配的装置,类似于低压电路系统中的电器保险盒。在电动汽车上,与高压配电箱相连接的高压部件包括动力电池、电机控制器、变频器、逆变电源、压缩机、充电座等。常见的高压配电箱设计方式有配电盒为一独立零部件或高压配电箱与其他零部件集成在一个盒体内,如图 2-53 所示。

图 2-53 高压配电箱

图 2-54 车载充电器

4. 车载充电器 OBC

OBC(On Board Charge)的作用是将交流电转为直流电。因为电池包是一个高压直流电源,当使用交流电进行充电的时候,交流电不能直接被电池包进行电量储存。因此需要 OBC 装置,将高压交流电转为高压直流电,从而对动力电池进行充电,如图 2-54 所示。

5. DC/DC 变换器

DC/DC 变换器的作用是将高压直流电转为低压直流电。作为电动汽车动力系统中很重要的一部分,它的一个重要功能是为动力转向系统、空调以及其他辅助设备提供所需的电力;另一个功能,是出现在复合电源系统中,与超级电容串联,起到调节电源输出、稳定母线电压的作用,如图 2-55 所示。有关 DC/DC 变换器的更多知识可见后文项目四任务一部分。

图 2-55 DC/DC 变换器

图 2-56 电动压缩机

6. 电动压缩机

电动压缩机中的电池提供动力,控制器控制电机转速,进而控制制冷量,调节温度。涡旋式压缩机效率高、转速承受力高,决定了它适合与高速电机配合使用,并且通过电控单元调节电机的速度提高空调系统的能效,如图 2-56 所示。

7. PTC 加热器

PTC(Positive Temperature Coefficient)的作用是制热。低温的时候,电池包需要一定的热量才能正常工作,这时候需要 PTC 给电池包进行预热。传统车上空调暖风系统的热源是引入发动机冷却后的冷却液的热量,这个在新能源车上是不存在的,因此需要专门的制热装置,这个装置被称为空调 PTC。PTC 加热器包括 PTC 空气加热器和 PTC 液体加热器,如图 2-57 所示。

图 2-57 PTC 加热器

图 2-58 高压线束

8. 高压线束

高压线束的作用是连接高压系统各个部件,它是高压电源传输的媒介。区别于低压线束系统,这些线束均带有高压电,对整车的高压系统的稳定性影响很大,如图 2-58 所示。

(三)高压防护装备与使用

新能源汽车高压安全防护装备包括高压安全警告标识、隔离带、绝缘手套、护目镜、绝缘安全鞋、绝缘安全帽以及高压绝缘服等。新能源汽车高压防护用品如图 2-59 所示。

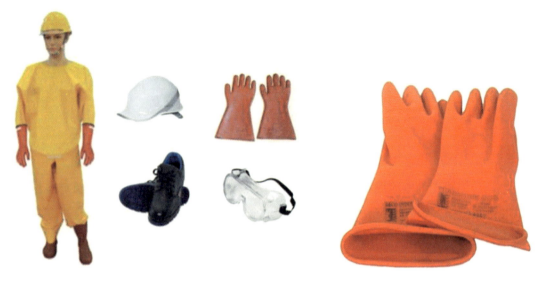

图 2-59 新能源汽车高压防护用品　　　　图 2-60 高压绝缘手套

1. 高压绝缘手套

高压绝缘手套指高压电气设备上进行带电作业时,用来进行电气绝缘作用的一种手套。佩戴高压绝缘手套可有效避免电击,避免人身伤害。高压绝缘手套如图 2-60 所示。

(1) 高压绝缘手套技术要求。高压绝缘手套的尺寸应与使用者的手部大小匹配,若太松,则会使手套发皱,并影响使用者手部灵活性。高压绝缘手套按照不同的电压等级和绝缘性能要求进行分类,如表 2-6 和表 2-7 所示。

表 2-6 高压绝缘手套电压等级

选用序号	工作范围	选用绝缘手套标称电压等级/kV	参考 GB/T17622-2008 国标选用型号	参考 03:1988 标准选用型号	各级别颜色色系
1	低压及 400 V 以下设备	0.5	0	0	红色
2	10 kV 配网及开关站	3	2	1	白色
3	35 kV 及以上线路及变电站	10	4	3	绿色

表 2-7 高压绝缘手套绝缘性能要求

序号	标称电压/kV	验证电压/kV	最低耐受电压/kV	泄漏电流/mA		
				360	410	460
1	0.5	3.0	5	14	16	18
2	3	10	20	14	16	18
3	6	20	30	14	16	18
4	10	30	40	14	16	18

（2）高压绝缘手套的检查。高压绝缘手套使用之前必须要进行相关性能检查操作。

① 目视检查。高压绝缘手套表面必须平滑，内外面无针孔、疵点、裂纹、砂眼、杂质、袖间破损和夹紧痕迹等各种明显缺陷，以及明显的波纹及铸模痕迹。此外，不允许有染料污染痕迹。目视检查方法如图 2-61 所示。

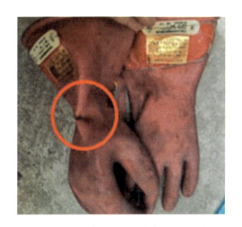

图 2-61 高压绝缘手套目视检查

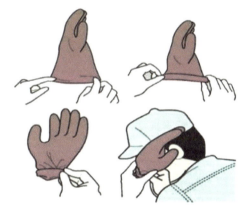

图 2-62 高压绝缘手套充气检查

② 充气检查。

捏紧手套的袖口处以封住空气。

将手套的袖口紧密地向手套指尖方向卷起，然后捏紧卷起的部分。

确保手套的手掌区域和指尖区域因空气挤压冲入而鼓起。

确保手套在鼓起后保持充气压力，不漏气，掰开手指缝间观察，细听有无漏气声；若手套未膨胀鼓起，则定位漏气点。高压绝缘手套充气检查如图 2-62 所示。

③ 高压绝缘手套绝缘电阻检测。将装有水的手套放进水槽中，用绝缘电阻表测量水槽与手套内的水之间的绝缘电阻（施加电压 500 V），绝缘手套与水之间的电阻应在 1 MΩ 以上。

高压绝缘手套电阻检测如图 2-63 所示。

（3）高压绝缘手套的使用规范。

使用注意事项：

① 高压绝缘手套是高压作业时使用的辅助绝缘安全用具，需要与基本绝缘安全工具配套使用。

② 若一副高压绝缘手套中的一只可能不安全，则这副手套不能使用。

图 2-63　高压绝缘手套电阻检测

③ 高压绝缘手套受潮或发生霉变时禁止使用。

④ 高压绝缘手套的使用温度范围为 -25～55℃。

⑤ 使用高压绝缘手套时应将衣袖口（无绝缘性能，不能保证安全）套入手套袖口内，同时注意防止尖锐物体刺破手套。

⑥ 高压绝缘手套弄脏时应用肥皂和水（避免化学反应影响绝缘性能）清洗，彻底干燥后涂抹上滑石粉，避免粘连。

⑦ 在边缘锋利的高压部件附近作业，或搬举、移动某些高电压部件时，技术人员应戴上高压绝缘手套。

⑧ 皮革手套的袖口必须比所保护的高压绝缘手套短。

高压绝缘手套的保养与报废：

① 高压绝缘手套必须放置在阴凉干燥处，远离日晒。

② 手套应垂直悬挂在储存袋中，指尖向上，袖口位于储藏袋底部。

③ 整理抢修车时，应将高压绝缘手套存放在绝缘工具专用的工具箱内。工作完毕后，须将高压绝缘手套整理清洗并及时存放在绝缘工具箱内，严禁长期将高压绝缘手套放置于抢修车中。

④ 使用单位应建立高压绝缘手套使用台账，对定期检验的数据进行校核。

⑤ 不合格的高压绝缘手套须隔离处理，不得与合格绝缘工具混用。

⑥ 无论任何原因，高压绝缘手套一旦存在缺损，都应马上丢弃。

⑦ 丢弃前，应割断手套的手指部分，以确保手套不会被重新使用。

⑧ 外观检查发现有破损、霉变、针孔、裂纹、沙眼和割伤的高压绝缘手套必须报废。

⑨ 定期（预试）检验不合格的高压绝缘手套应报废，当即剪烂。

⑩ 出厂年限满五年的高压绝缘手套应报废。

2. 安全帽

安全帽可避免人的头部受坠落物及其他特定因素的伤害，它由帽壳、帽衬、下颌带和附件组成。安全帽结构如图 2-64 所示。

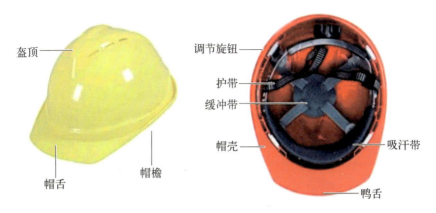

图 2-64 安全帽

（1）安全帽的检查。安全帽的外观检查包括以下几点。

① 检查"三证"，即生产许可证、产品合格证和安全鉴定证。

② 检查标识，检查永久性标识和产品说明是否齐全、准确。

③ 检查产品做工，合格的产品做工较细，不会有毛边，且质地均匀。安全帽外观检查如图 2-65 所示。

图 2-65 安全帽外观检查

（2）安全帽的佩戴和使用。安全帽佩戴和使用时有以下注意事项。

① 戴安全帽前应将帽后调整带按自己头型调整到合适的位置，然后将下颌弹性带系牢。

② 不要把安全帽歪戴，也不要把帽檐戴在脑后方。

③ 安全帽的下颌带必须扣在颌下并系牢，松紧要适度。

④ 安全帽顶部除在体内安装帽衬外，还开有通风小孔，使用时不要为透气而随便开孔。

⑤ 安全帽要定期检查有无龟裂、下凹、裂痕和磨损等情况，发现异常现象要立即更换，不得继续使用。

⑥ 严禁使用只有下颌带与帽壳连接的安全帽。

⑦ 技术人员在现场作业中,不得将安全帽脱下,搁置一旁,或者当坐垫使用。

⑧ 安全帽不宜长时间在阳光下暴晒。

⑨ 安全帽不符合规定要求的,立即调换。

⑩ 在室内作业也要戴安全帽。

⑪ 平时使用安全帽时应保持整洁,不能接触火源,不要任意涂抹或刷油漆,防止丢失。

⑫ 无安全帽者一律不得进入作业现场。不恰当操作如图 2-66 所示。

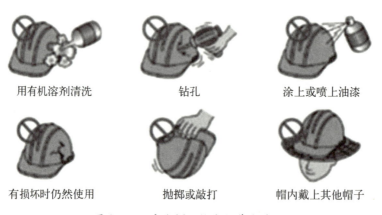

图 2-66 安全帽不恰当佩戴和使用

3. 防护眼镜

新能源汽车维修过程中必须要佩戴防护眼镜。

图 2-67 防护眼镜

(1) 防护眼镜的作用。

① 防固体碎屑。戴侧护边型眼镜主要用于防止金属或砂石碎屑等对眼睛的机械损伤。

② 防化学溶液。护目镜主要用于防止有刺激或腐蚀的溶液对眼睛的化学伤害。

③ 防弧光辐射。从事电焊、气焊、炼钢和吹玻璃作业的工人应戴防弧光辐射眼镜。

(2) 防护眼镜的使用。

防护眼镜使用时注意以下事项:

① 选用经检验机构检验合格的产品。

② 防护眼镜宽窄和大小要适合使用者脸型。

③ 镜片磨损粗糙、镜架损坏,会影响操作人员的视力,应及时调换。

④ 要专人使用,防止传染眼疾。

⑤ 按要求更换滤光片和保护片。

⑥ 防止重摔重压,防止坚硬的物体磨损镜片和面罩。

防护眼镜的保养:

① 放置方法:如果是暂时性放置眼镜,则将眼镜的凸面朝上。

② 擦镜片方法:使用清洁专用擦拭镜布,应用手托住镜片一侧的镜框边缘,轻轻擦拭镜片。

③ 镜片灰尘或脏东西的处理方法:先用清水冲洗,再用纸巾吸干水分,最后用专用眼镜布擦干。

④ 存放方法:不戴眼镜时,用眼镜布包好放入眼镜盒。

⑤ 眼镜变形时处理方法:建议定期到专业店进行整形调整。

4. 绝缘鞋

绝缘安全鞋(靴)的作用是使人体与地面绝缘,防止电流流过人体与大地之间构成通路,对人体造成电击伤害,把触电的可能性降低。

(1) 绝缘安全鞋性能。在实际工作中,符合功能要求的安全鞋较为多见,可防砸、绝缘、防静电、耐酸碱等。绝缘安全鞋如图 2-68 所示。

(2) 绝缘安全鞋使用注意事项。

① 绝缘安全鞋适宜在交流 50 Hz、1 000 V 以下,或直流 1 500 V 以下的电力设备上工作时,作为安全辅助用具使用。

图 2-68 绝缘安全鞋

② 绝缘安全鞋不能受潮,受潮后严禁使用。鞋底被异物刺穿后,不能作绝缘安全鞋使用。

③ 注意绝缘安全鞋不宜在雨天穿,更不能水洗。

④ 绝缘安全鞋不能与油类、酸类、碱类及尖锐物体等接触。

⑤ 彩色绝缘安全鞋(包括白色)在穿着中尤其注意,不能碰到污水、污物、茶渍等。

⑥ 绝缘安全鞋穿着后出现轻微褶皱、轻微变形等属正常现象。

⑦ 绝缘安全鞋出现泛盐霜现象时,可用纱布或棉花蘸少量温水擦净,再把鞋放在通风处晾干,最后用鞋油擦拭,反复数次即可恢复原状。

⑧ 绝缘安全鞋存放时,应保持整洁、干燥,并擦好鞋油,自然平放。

5. 绝缘服

维修电动汽车高电压系统时,必须穿绝缘防护服,又称高压防护服,如图 2-69 所示。绝缘防护服可防 10 000 V 以下电压，阻燃、耐热、耐压、耐老化，以保护操作人员工作安全。高压防护服的使用规范与保管有以下几点注意事项。

(1) 高压防护服使用前应进行全面检查，发现损坏不得使用。

(2) 高压防护服不宜接触明火以及尖锐物体。

(3) 高压防护服应保存在通风、透气、干燥、清洁的库房内。

(4) 高压防护服水洗后，必须在阴凉处晾干，折叠整齐，放入专门保管袋内。

图 2-69　高压防护服

图 2-70　绝缘垫

6. 绝缘垫

绝缘垫如图 2-70 所示。做好绝缘设施检查工作可以有效防止人员触电，预防安全事故的发生。高压维修作业时重点检查以下几点。

(1) 绝缘垫应固定牢靠，无破损，破裂。

(2) 充电桩接地线良好，不存在漏电风险。

(3) 绝缘工具设备及防护用品无水迹，保持干燥。

(4) 定期检查绝缘设施绝缘状态，并做好登记。

检查绝缘垫是否良好，厚度应≤3 mm，绝缘垫应完整无破损，无裂纹，保持干燥干净。

7. 绝缘工具

绝缘工具如图 2-71 所示。企业中出现过很多高压维修人员未规范操作导致的高压系统短路，造成整车故障、动力电池熔断器损坏，甚至起火。在高压维修作业中一定要规范使用绝缘工具，并注意以下注意事项。

(1) 使用时在维修区域垫上绝缘垫。

（2）维修人员对带电部件操作时必须使用绝缘工具。

（3）维修动力电池和电控单元时必须使用带绝缘垫的专业工作台。

（4）使用前必须检查绝缘防护用品，保证其无破损、破洞和裂纹，内外表面清洁、干燥，不能带水进行操作，确保安全。

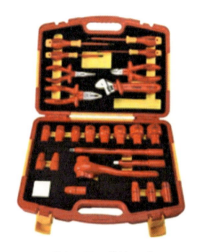

图 2-71 绝缘工具

图 2-72 绝缘表

8. 绝缘表

绝缘表如图 2-72 所示，是检查高压系统绝缘性能的常用仪表，能够快速判断漏电部位和故障部件，因仪器本身会输出 500～1 000 V 电压，不规范的操作很容易导致人员触电和被测部件的损坏，使用时需注意以下几点。

（1）使用绝缘表测量前，选择 500 V 挡位"校表"，若测量值为 0 Ω 则正常。

（2）使用绝缘表测量前，检查仪器外观无破损，检测线无损坏和金属导线裸露。

（3）使用绝缘表测量，读取稳定后的数值，通电时间不要超过 30 s。

（4）使用绝缘表时，必须佩戴绝缘手套并进行安全防护。

（5）测量绝缘阻值时，固定好绝缘套筒，不能用手触及被测部件。

（6）检测高压部件绝缘时，需断开高压部件的低压控制连接器，防止较高的电压击穿低压控制系统的控制器。

> **课堂讨论**
>
> 　　同学们，在进行新能源汽车维修时，每次都需要对设备和工具进行安全检查，对车辆安全进行防护操作以及对工具进行清洁、校准、存放操作。大家是否觉得过程太过机械、严苛？在检查过程中是否可以为了图方便，节省掉某些步骤？请谈谈你的看法。

二、高压用电安全操作规范

新能源汽车的非高压部件（如制动系统、悬架系统和车身系统）进行维修时，不需要专业的安全防护措施。但对高压系统中的高压组件进行维修时，就必须采取特殊的防护措施。在维修保护方面，每位售后服务人员都有责任完成以下工作。

（1）必须遵守有关安装和健康防护的说明和规定。

（2）必须使用现有防护装备。

（3）必须按规定使用装备（工具、车辆）。

（4）如果发现装备损坏，则必须自己按专业要求排除，如果不能排除，则必须向上级报告。

（一）健康防护措施

混合动力汽车和纯电动汽车的某些零部件可能有非常强的磁性。如汽车充电桩、车载式汽车充电器、永磁电机等。如果技术人员身上有植入体内的或便携式医疗电子设备，则必须了解该医疗设备可能会有哪些不利影响，确定无危害后再对混合动力汽车和纯电动汽车进行维护，并且在进行维护作业时需要与某些部件保持足够的距离。

（二）个人防护措施

个人防护用品即在生产过程中为防止物理、化学和生物等有害因素伤害人体而穿戴和配备的各种物品的总称。需要使用个人防护用品的区域均会粘贴指令标志。指令标志是强制人们做出某种动作或采用防范措施的图形标志。

1. 个人安全防护指令标识

个人指令标志是强制人们做出某种动作或采用防范措施的图形标志。图 2-73 所示为个人安全防护指令标识。

图 2-73 个人安全防护指令标识

2. 特种作业前防护要求

对于特定的诊断或维修作业，技术人员可能需要在暴露的高压零部件附近进行操作。如果导电物体落到暴露的高压电路上，则可能造成危险的短路事故。在对混合动力汽车或纯电动汽车维修之前,技术人员应取下所有首饰和金属体,如戒指、手表、项链等,并从衬衫和裤子口袋里取出金属物件,例如工具、铅笔等,因为它们可能会滑落造成高压电路短路,发生弧闪事故。图2-74所示为特种作业前防护要求标识。

图2-74 特种作业前防护要求标识

(1) 避免高压触电的防护。为防止在作业时发生高压触电事故,需要检查并佩戴高压绝缘手套。注意:使用高压绝缘手套时,维修人员必须对手套进行检查、测试后,才能在新能源车辆上进行维修作业。图2-75所示为新能源汽车维修技师工作前进行绝缘手套检测。

(2) 眼部安全防护。为防止眼部受到撞击和其他危害,维修人员必须佩戴相应标准的护目镜。注意:无论在何种类型的混合动力或纯电动汽车上作业,维修人员都必须佩戴相应标准的带侧护板的护目镜。图2-76所示为眼部安全防护。

(3) 头部的安全防护。防止头部触电的常见安全防护用具是戴绝缘安全帽。注意:在混合动力或纯电动汽车举升工位下进行作业时,维修人员必须佩戴如图2-77所示的相应标准的电绝缘安全帽。

图2-75 绝缘手套的检测

图2-76 眼部安全防护

图2-77 头部安全防护

图2-78 足部安全防护

(4) 足部的安全防护。根据工作或设备的电压选择相应等级的绝缘鞋。注意:无论在任何类型的混合动力或纯电动汽车上作业,技术人员都必须穿相应标准的绝缘鞋。图2-78所示为足部安全防护的绝缘鞋。

(5) 身体的安全防护。维修带有高压系统部件的车辆前,需穿戴至少一级防护的阻燃服装,并且操作人员全身不得带有金属物品,例如,耳环、手表、项链、皮带搭扣、电话、其他首饰、袖珍螺丝刀、硬币。维修时勿穿含有化学纤维的服装,因为此类服装万一点燃后,化纤材料会融化,并紧贴在皮肤上,加重人员烧伤程度。如果必须在高压未解除的条件下进行工作,例如维修电池系统,需要穿戴如图示 2-79 所示的身体安全防护装置。

图 2-79　身体安全防护装置　　　　图 2-80　电解液检测试纸

(三) 工具防护措施

1. 电解液泄漏防护工具

锂离子电池中的电解液通常是酸性的,接触到人眼或皮肤应用大量的清水立即进行冲洗。观察到有液体泄漏,应立即用一片石蕊试纸进行测试,石蕊试纸接触到液体后,颜色就会发生变化,由此可确认液体为酸性、中性还是碱性。pH 值为 7 时为中性,pH 值为 0 时酸性最强,pH 值为 14 时碱性最强。图 2-80 所示为电解液检测试纸。

镍氢电池组中的电解液是碱性的,泄漏时,将 800 g 硼酸溶解在 20 L 自来水中,中和所有溢出的高压蓄电池电解液。使用石蕊试纸检查溢出的电解液是否已被中和,如果溢出的电解液仍保持碱性,则试纸会变成蓝色。在溢出的电解液被中和后,使用吸水毛巾和布吸收多余的电解液。

若高压蓄电池的电解液溢到地板上,则维修人员应佩戴胶手套、护目镜及用于有机溶剂的面具,然后将溢出的电解液擦拭干净,并根据法律法规要求将受到污染的材料放入密封容器中处理。

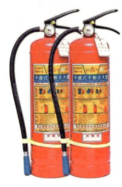

图 2-81　车辆火灾防护工具

2. 车辆火灾防护工具

新能源汽车着火时,应使用常规 ABC 干粉灭火器灭火,这种灭火器用于油或电路火灾。如果只是高压蓄电池着火,则推荐使用二氧化碳灭火器,发生大面积火灾时,持续浇水同样可浇灭高压蓄电池火灾。用水量过少是非常危险的,这会加剧高压蓄电池火灾火势。图 2-81 所示为车辆火灾防护工具。

3. 维修车间防护

在对新能源汽车进行高压作业时,需要专用的维修工位,并保持清洁、干燥、通风良好。维修工位上必须配有专用工具和防护用品。如果需要打开动力电池组更换电池包,则需要设置安全隔离警告,避免无关人员靠近。图2-82所示为维修车间防护。

(四) 操作人员行为规范

1. 双人作业

如图2-83所示,在高压系统上执行作业时,必须两人共同作业或一个人作业而另外一人监督操作。维修高压车辆上的系统时,确认动力

图2-82 动力电池维修车间防护

电池断开高压前避免单独作业。佩戴绝缘手套的第二个人是维修高电压车辆时要求的一项额外安全措施。在发生电击时,第二名技师可利用安全钩安全地移开正在维修高压车辆的技师。

图2-83 双人作业　　　　图2-84 单手定则　　　　图2-85 维修操作场地规范

2. 单手定则

维修高压系统时尽可能采用单手定则,如图2-84所示。单手定则是指在检查高压时只使用一只手,使另一只手垂在一侧或者放在背后,不接触车辆任何部件。利用该方法,即便接触到电源,人体也不能形成电流回路,从而避免人员触电。因为无法确定高压系统已断电或者确定系统存在高压电,所以执行高压断电程序或者直接在带电的高压电路上执行作业时,遵守单手原则尤为重要。

(五) 维修操作场地规范

准备对高压车辆进行维修时,如图2-85所示,确保在车辆周围放置安全栅。该安全栅由警戒栅和警告标志构成,这些工具有助于强调维修高压车辆时所需的安全规范。警戒栅、警告牌和警告标志一般在以下情况使用。

(1) 断电程序中。

(2) 通电程序中。

(3)对高压系统部件/线束执行维修时。

(4)执行涉及拆解或者拆卸高压部件以接近各种部件维修时。

(5)在高压部件附近执行维修时。

(六)维修安全规范

混合动力及纯电动汽车的整车涉及高压的部分有:整车橙色线束、动力电池包、高压配电箱、车载充电器、驱动电机控制器总成、电加热芯体 PTC 等。为确保维修人员人身安全,避免违规操作引起安全事故,在进行高压电器维修时,应严格按以下要求及规范执行。

1. 安全防护要求

(1)维修人员必须佩戴必要的防护物品。如:绝缘手套、防酸碱手套、绝缘鞋、绝缘垫、防护目镜,其耐压等级必须大于 1 000 V。

(2)使用前必须检查绝缘手套是否有破损、破洞或裂纹等,应完好无损,确保安全。

(3)使用前必须检查绝缘手套、绝缘鞋等防护用品,不能带水进行操作,保证内外表面洁净、干燥,确保安全。

(4)绝缘手套、绝缘鞋、绝缘垫定期送当地省、市、县计量机构计量绝缘性能,计量间隔自产品生产日期开始,每 3 个月一次。

(5)绝缘工具定期送当地省、市、县计量机构计量绝缘性能,计量间隔自产品生产日期开始,每 12 个月一次。

(6)维修车辆时,必须设置专职监护人一名,监护人工作职责为监督维修的全过程。

(7)监督维修人员组成、工具使用、防护用品佩戴、备件安全维护、维修安全警示牌等是否符合要求。

(8)监护人和维修人员要检查紧急维修开关的接通和断开。

(9)负责对维修过程中的安全操作规范进行检查,监护人要在作业流程单上做标记。

(10)监护人要认真负起责任,确保维修过程的安全,避免发生安全责任事故。

(11)监护人及维修人员必须具备国家认可的《特种作业操作证(电工)》与《初级(含)以上电工证》(职业资格证书),严禁无证进行维修操作。

(12)监护人及维修人员必须经过主机厂的培训,并通过考核。

(13)严禁未经培训的人员进行高压部分检修,禁止带有一切侥幸心理的危险操作,避免发生安全事故。

2. 安全维修操作规范

(1)高压车辆维修安全规范。高压系统维修作业有七步安全规范,在高压系统维修过程中要严格遵循。高压系统维修七步安全规范如下。

① 切换至无高压状态。高压系统部件维修必须在系统下电、确认无输出电压后才可操作，高压电系统须按照规范流程下电，下电操作规范流程可见相关维修手册。

② 防止重新接通。下电后，为防止高压电系统重新接通，在下电后的高压维修区域或车辆上的醒目位置放置车辆已下电警告标识，手动维修开关要锁在可靠的储物箱内，车辆钥匙要远离车辆保存。

③ 确认无电状态。下电以后要用两极式电压测试仪在高压线缆插头上检验高压输出电压，确保高压电系统输出电压在安全范围内（一般小于60 V），测量的位置选在动力电池输出端。

④ 无电记录。用高阻抗两极式电压测试仪验证高压电系统输出为安全电压后，要做好测量电压记录，操作人员签字确认。

⑤ 维修操作。高压电系统下电完成，并已做好测量电压记录后，方可进行高压系统部件的维修。

⑥ 重新接通。高压部件维修结束后，必须进行高压电系统的上电规范操作，上电操作流程见维修手册。

⑦ 恢复状态记录。高压系统规范上电后，操作车辆，验证高、低压系统已恢复正常状态。验证结束后，要对高、低压恢复过程记录，所有高、低压断开与恢复的记录需要留档保存。

（2）高压部件识别。

① 整车橙色线束均为高压线。

② 动力电池包连至电源管理器的红色采样线束。

③ 所有高压部件基本带有警示标志。

（3）检修高压前注意事项。检修高压系统时，电源开关必须处于"OFF"挡（若为智能钥匙，车辆须不在智能钥匙感应范围内，并且车辆处于非充电状态），并拔下紧急维修开关。紧急维修开关拔下后，由专职监护人保管，并确保维修过程中不会有人将其插到高压系统上。注意，断开紧急维修开关只是切断了高压用电设备的电源，并不能切断动力电池包的电源。当需要维修或更换高压配电箱时，应小心拔出连接动力电池包的电缆正、负极高压插接件，如图2-86所示，使用绝缘胶带包好裸露的桩头，避免触电。

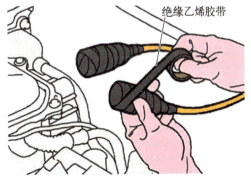

图2-86 包裹高压桩头

① 断开紧急开关5 min后(使储能电容放完电),应使用万用表测量整车高压回路,确保无电后才可检修高压系统。

② 拔下紧急维修开关后,测量动力电池正极和车身之间的电压来判断是否漏电,若检测到电压大于或等于50 V,应立即停止操作,按《动力电池包漏电检测作业指导书》检查。

③ 使用万用表测量高压时,需注意选择正确量程,检测用的万用表精度不低于0.5级,要求具有直流电压测量挡位,量程范围大于或等于1 000 V,并遵守单手操作原则。

④ 所使用的万用表一根表笔上配备绝缘钳(要求耐压3 kV,过电流能力大于5 A),测量时先把测试钳夹到电路的一个端子,然后用另一根表笔接触到需测量端子测量读数,每次测量时只能用一只手握住表笔,测量过程中,严禁触摸表笔金属部分。

三、新能源汽车高压事故应急措施

(一) 纯电动车中的高压电

纯电动车的高压电系统同时具有直流高压电和交流高压电,例如,动力电池中会存在直流高压电,而驱动电机中会存在交流高压电。车辆维修时,必须做好绝缘保护措施,防止触电伤害,依据高压电存在形式有所区分。纯电动车汽车高压电存在形式主要有三种,如图2-87所示。

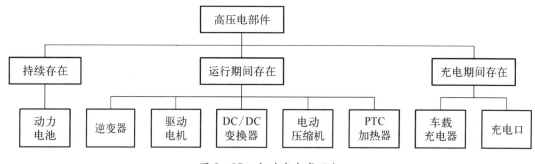

图2-87 电动汽车高压电

1. 持续存在

如高压动力电池组。

2. 运行期间存在

运行期间存在,指点火开关即车辆处于上电状态(仪表OK灯或READY灯点亮)时存在高压电,主要分为以下两种情况。

(1) 只要车辆处于上电状态就存在,涉及部件主要包括新能源汽车的逆变器(如驱动电机控制器)、DC/DC变换器及与其相连的高压电缆。

（2）虽然车辆处于上电状态，但需要接通功能开关才会存在，涉及部件主要包括电动空调压缩机、PTC加热器和驱动电机。

3. 充电期间存在

如车载充电器、充电口。

（二）新能源汽车的触电形式

目前混合动力或纯电动汽车电压达到300～600 V，超过了安全电压，所以一旦发生触电事故，对人体的伤害将十分严重。触电的方式主要有直接触电和间接触电。

1. 直接触电

直接触电是指人体的任何部位直接触及电源相线所形成的触电。此时人体触及的电压为电气系统相对于大地之间的电压或相间电压，危害性最高，后果最严重。常见的是单相触电和两相触电，除了隔离和加强绝缘外，很难进行其他保护，特别是两相触电。

（1）单相触电。如图2-88所示，单相触电是指在地面或其他接地导体上，人体某一部分触及电源的一根相线或与相线相连的带电物体的触电事故。单相触电的危害程度与电源中性点是否接地有关。三相电源中性点接地的单相触电情况，是指电流从一根相线经过电气设备、人体再经过大地流到中性点，此时加在人体上的电压是相电压。$I_h=U_p/(R_h+R_0+R_1)$，I_h为通过人体的电流，U_p为电源相电压，R_h为人体电阻，R_0为供电系统接地电阻，一般电阻为4～20 Ω，R_1为人与地面或其接触面绝缘电阻。可见R_1越小，通过人体的电流越大，危害程度也越大；R_1越大，通过人体的电流越小，也就越安全。因此电工工作时需要穿绝缘胶鞋或站在干燥的木板上。

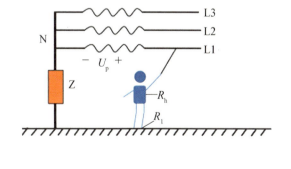
图 2-88 单相触电

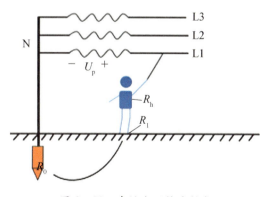
图 2-89 中性点不接地触电

图2-89所示为三相电源中性点不接地的单相触电情况，立于地面的人体触到任何一相带电体时，电流经电气设备，通过人体的另外两根相线对地绝缘电阻和分布电容而形成回

路。此时,通过人体的电流取决于人体电阻 R_h 与输电线对地绝缘阻抗 Z 的大小。若输电线绝缘良好,输电线不长,对地分布电容 C 不大,则阻抗 Z 较大,对人体的危险性较小;若输电线较长,对地分布电容 C 较大,或输出线绝缘不良,阻抗 Z 降低,则触电电流大,几乎是致命的,加上电弧灼伤,情况更为严重。

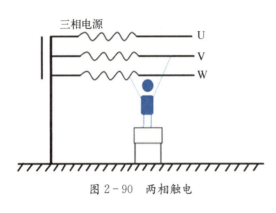

图 2-90 两相触电

(2) 两相触电。如图 2-90 所示,两相触电是指人体同时触及同一电源系统的两根相线,电流从一根相线经过人体流至另一根相线,若人体触及一相线一零线,则人体承受的电压为 220 V。若人体触及两根相线,则人体承受的电压为 380 V。由于通过人体的电流只取决于人体电阻和与相线接触电阻之和,因而两相触电非常危险,触电者即使穿着绝缘鞋或站在绝缘台上,也起不到保护作用。

如图 2-91 所示,新能源汽车动力电池正负极直接接触,属于直接触电中的两相触电,因此维修人员必须要做好必备防护措施。

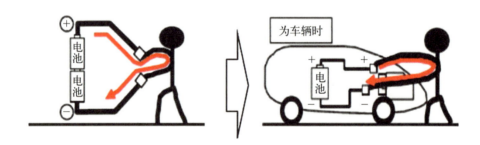

图 2-91 动力电池直接接触触电

2. 间接触电

间接触电如图 2-92 所示,是指人体的任何部位间接触及电源的相线所形成的触电,如电气设备在故障情况下形成的触电。

(1) 金属外壳带电触电。电气设备因老化绝缘损坏或绝缘被过电压击穿等,致使其设备的金属外壳带电,人体的任何部位触及电气设备的带电体外露部分或与其相连的可导电部分形成触电。

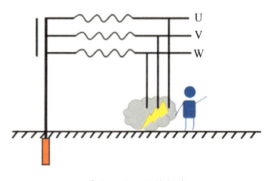

图 2-92 间接触电

（2）跨步电压触电。输电线线路落地或运行中的电气设备因绝缘损坏漏电时，电流经过接地体向大地作半环形流散，并在落地点会在接地体周围地面产生强大电场，当有人走过落地点周围时其两步之间的电位差称为跨步电压。跨步电压的大小与人体接地点的距离、两脚间的跨步、触地电流的大小等因素有关。当跨步电压大于一定数值时，通过人体的电流超过安全值就会造成跨步电压触电。跨步电压触电时，电流从人的一只脚经下身通过另一只脚流入大地形成回路，如图 2-93 所示。电场强度随离断线落地点距离的增加而减小。距断线电 1 m 范围约有 60% 的电压降，距断线点 2~10 m 范围内约有 24% 的电压降，距断线点 11~20 m 范围内约有 8% 的电压降。如果人体双脚距离以 0.8 m 计算，那么 10 kV 的高压线接地点

图 2-93 跨步电压触电

20 m 以外、80 V 火线接地点 5 m 以外才是安全的。如误入危险区域应双脚并拢或单脚跳离危险区域，以免发生跨步电压。

如图 2-94 所示，新能源金属车身存在漏电，维修人员触摸金属车身与动力电池形成间接触电，因此维修人员必须要做好必备防护措施。

图 2-94 车身漏电造成间接触电

（三）电击事故急救处理流程与方法

电击事故急救处理流程与方法的具体内容参见项目一任务三，此处不再重复介绍。

一、实训场地和器材

新能源汽车作业工位、绝缘手套、绝缘鞋、绝缘安全帽、护目镜、绝缘防护服、绝缘工具、安全锁、隔离桩、警示牌、绝缘垫、灭火器、车辆挡块、消防设施、诊断仪、高压检测模块、高压检测适配器、放电工装、挂锁、万用表。

二、作业准备

作业前检查工具是否齐全并准备好所需工具,选择绝缘工具时要确保绝缘工具有绝缘认证,耐压不能低于 1 000 V,检查是否损坏、绝缘层是否破损,重点检查工具是否干燥和干净,如有水渍和碎屑,及时清洁,以免损坏高压线路及导致人员触电。具体检查步骤参考本章任务一,这里不再赘述。

三、操作步骤

不同品牌的混合动力车辆高压下电、上电和验电原理基本相似,但是具体操作步骤有所区别;例如德系车辆是通过诊断仪进行操作的,而有的车系不需要通过诊断仪进行操作。

本项任务车型是德系混合动力汽车,高压上下电的操作流程如下。

(1) 打开点火开关,不起动车辆。

(2) 连接诊断仪,选择"高压断电"模式,根据诊断仪提示操作断电和验电,当提示电压<10 V时,此时完成验电。拔下动力电池控制单元熔丝。

(3) 拉开高压"保养插头"安装挂锁,防止插头回位。

(4) 断开低压蓄电池(有些品牌在使用诊断仪下电时无须断开低压蓄电池),此时完成下电操作。

(5) 恢复"保养插头",安装动力电池控制单元熔丝。

(6) 由监护人确认是否满足上电条件,安装低压蓄电池负极。

(7) 起动车辆,使用诊断仪,清除历史故障码,此时完成上电。

详细步骤如下。

1. 高压断电操作步骤

操作前,如冷却系统高温,先拔下散热风扇熔断器,根据车型查询维修手册,阅读操作流程和注意事项;打开点火开关,不起动车辆。

(1) 如图 2-95 所示,连接诊断仪 VAS 6150,进入引导功能,选择"实现高压断电"进入高压断电模式,根据诊断仪提示,选择"诊断断电"进行操作。

(2) 如图 2-96 所示,观察仪表显示,提示"已实现断电",说明高压系统已完成断电,同时已完成"验电",如提示"未实现断电"或诊断仪提示故障,请操作诊断仪选择"手动断电"。

(3) 使用 12 V 蓄电池充电器,对车辆低压蓄电池进行充电,以免蓄电池电量不足导致操作中断。

(4) 根据操作内容,如图 2-97 所示,将警示标识:高压危险- VAS6649、高压断电- VAS6650A,展示在相应显著的位置,操作结束前不要回收。

项目二 新能源汽车维护准备工作　103

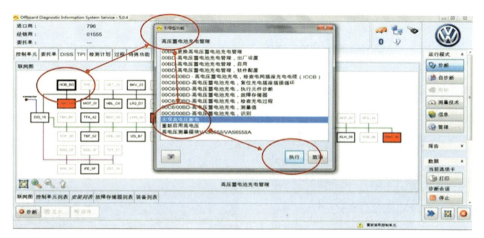

断电操作

图 2-95　连接诊断仪 VAS 6150

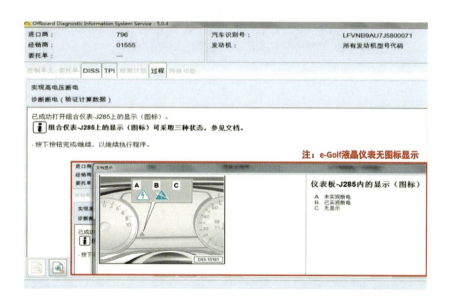

图 2-96　诊断仪操作画面

(5) 诊断仪确认,高压断电完成后,打开室内熔丝盒盖,如图 2-98 所示,拔下保险丝座 C 上的保险丝 28-SC28,带有标签的保险丝。

(6) 使用绝缘工具螺丝刀,将前机舱内的"保养插头"断开,如图 2-99 所示安装挂锁-T40262,以免意外回位。

高压危险-VAS6649　　　　　　　高压断电-VAS6650A

图 2-97　警示标识

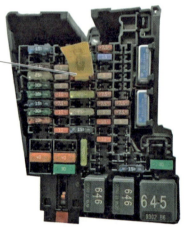 

图 2-98　CS28,10 A 熔丝位置　　　　图 2-99　安装挂锁

2. 验电操作步骤

（1）关闭点火开关,使用绝缘工具,拆卸低压蓄电池负极,等待 5 min。

（2）穿戴绝缘防护服,使用绝缘工具,断开高压集成控制器的动力电池高压电缆输入连接器,如图 2-100 所示,将高压适配器-VAS6558/9-4,连接到高压集成控制器动力电池输入端。

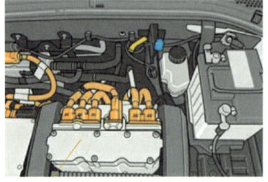 

高压集成控制器　　　　　　　　高压适配器-VAS6558/9-4

图 2-100　安装高压适配器

（3）将高压测量模块-VAS6558连接至诊断仪，如图2-101所示，检查固件版本，不一致时进行软件升级。

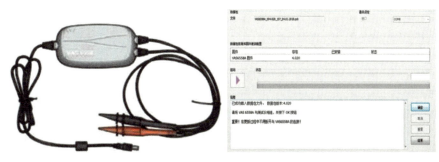

高压测量模块-VAS6558　　　　　　更新软件版本

图2-101　连接高压检测模块

3. 连接高压检测模块

（1）使用高压测量模块-VAS6558，单手操作测量表笔，如图2-102所示，将负表笔连接

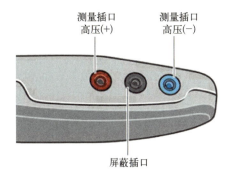

高压适配器-VAS6558/9-4

放电操作画面

图2-102　高压放电操作

高压适配器-VAS6558/9-4高压负极测量插口,将正极表笔连接高压适配器-VAS6558/9-4正极测量插口,读取测量数值<10 V时,表明整车高压端,放电结束,高压断电完成。

(2) 使用高压测量模块-VAS6558,单手操作测量表笔,将负表笔连接动力电池高压负极端子,将正表笔连接高压正极端子,如图2-103所示,读取测量值<10 V时,动力电池端放电结束。

图 2-103　高压断电画面

(3) 断开低压蓄电池负极,此时高压完成下电。

4. 高压上电操作方法

(1) 检测、更换或拆装完高压部件后,进行高压上电时,需先经过监护人确认,再进行高压上电操作。

(2) 安装保养插头,安装室内熔丝盒,安装电池控制单元-SC28,10 A熔丝。

(3) 安装低压蓄电池负极,打开点火开关,起动车辆。

(4) 使用诊断仪清除历史故障码,此时完成上电操作。

整理、恢复作业场地。

高压上下电操作		任务工单		班级	
				姓名	
1. 车辆信息					
品牌		整车型号		生产日期	
驱动电机型号		动力电池额定电压		额定功率	
额定容量		车辆识别码		行驶里程	
2. 高压电操作场地布置					
检查并设置隔离桩				□是	□否
安装警戒带和高压电警示牌				□是	□否
检查并设置绝缘垫				□是	□否
安装车辆绝缘翼子板布和格栅垫				□是	□否
安装车内四件套				□是	□否
安装后车轮挡块				□是	□否
检查灭火器有效性				□是	□否
检查安全锁				□是	□否
3. 设备准备					
检查绝缘测试仪				□是	□否
检查万用表				□是	□否
检查诊断仪				□是	□否
检查绝缘垫				□是	□否
检查放电工装				□是	□否
检查挂锁				□是	□否
检查高压检测模块				□是	□否
检查高压检测适配器				□是	□否
检查绝缘工具				□是	□否

续 表

4. 个人高压防护用具检查		
检查绝缘手套	□是	□否
检查绝缘安全帽	□是	□否
检查绝缘鞋	□是	□否
检查绝缘服	□是	□否
检查护目镜	□是	□否
5. 高压下电操作		
打开点火开关	□是	□否
连接诊断仪,进入高压断电模式	□是	□否
观察仪表显示,提示"已实现断电"	□是	□否
拔下动力电池控制单元熔丝	□是	□否
拉开高压保养插头	□是	□否
安装挂锁	□是	□否
6. 高压验电操作		
关闭点火开关	□是	□否
连接高压适配器	□是	□否
连接高压检测模块	□是	□否
确认整车高压端放电结束	□是	□否
确认动力电池端放电结束	□是	□否
断开低压蓄电池负极	□是	□否
7. 高压上电操作		
安装保养插头	□是	□否
安装电池控制单元熔丝	□是	□否
安装低压蓄电池负极	□是	□否
打开点火开关,车辆上电	□是	□否
使用诊断仪清除历史故障码	□是	□否
恢复现场场地	□是	□否

任务评价

姓名		班级		学号		总分	
高压上、下电操作【评分细则】							
评分项	评分条件	评分标准	配分	得分	个人评价	生生互评	教师评价
工位7S操作	☐整理、整顿 ☐清理、清洁 ☐素养、节约 ☐安全	未完成一项扣1分	4		☐熟练 ☐不熟练	☐熟练 ☐不熟练	☐熟练 ☐不熟练
高压电操作场地布置	☐正确检查并设置隔离桩 ☐正确安装警戒带和高压电警示牌 ☐正确检查并设置绝缘垫 ☐正确安装车辆绝缘翼子板布和格栅垫 ☐正确安装车内四件套 ☐正确安装后车轮挡块 ☐正确检查灭火器有效性 ☐正确检查安全锁	未完成一项扣3分	21		☐熟练 ☐不熟练	☐熟练 ☐不熟练	☐熟练 ☐不熟练
个人高压防护用具检查	☐正确检查绝缘手套 ☐正确检查绝缘安全帽 ☐正确检查绝缘鞋 ☐正确检查绝缘服 ☐检查放电工装 ☐正确检查护目镜 ☐正确检查高压检测模块 ☐正确检查高压检测适配器	未完成一项扣2分	16		☐熟练 ☐不熟练	☐熟练 ☐不熟练	☐熟练 ☐不熟练

续 表

评分项	评分条件	评分标准	配分	得分	个人评价	生生互评	教师评价
工具及设备检查使用能力	☐作业过程做到工具不落地 ☐作业过程做到零件不落地 ☐使用工具前对工具量具进行校准 ☐使用工具后对工具量具进行清洁 ☐作业完成后对工具进行复位 ☐正确断开高压维修开关,并等待5 min以上	未完成一项扣3分	18		☐熟练 ☐不熟练	☐熟练 ☐不熟练	☐熟练 ☐不熟练
高压下电操作	☐能够正确打开点火开关 ☐能够正确连接诊断仪,进入高压断电模式 ☐能够正确观察仪表显示,提示"已实现断电" ☐能够正确拔下动力电池控制单元熔丝 ☐能够正确拉开高压保养插头 ☐能够正确安装挂锁	未完成一项扣2分	12		☐熟练 ☐不熟练	☐熟练 ☐不熟练	☐熟练 ☐不熟练
高压验电操作	☐能够正确关闭点火开关 ☐能够正确连接高压适配器 ☐能够正确连接高压检测模块 ☐能够正确确认整车高压端放电结束 ☐能够正确确认动力电池端放电结束 ☐能够正确断开低压蓄电池负极	未完成一项扣2分	12		☐熟练 ☐不熟练	☐熟练 ☐不熟练	☐熟练 ☐不熟练

续 表

评分项	评分条件	评分标准	配分	得分	个人评价	生生互评	教师评价
高压上电操作	☐能够正确安装保养插头 ☐能够正确安装电池控制单元熔丝 ☐能够正确安装低压蓄电池负极 ☐能够正确打开点火开关，车辆上电 ☐能够正确使用诊断仪清除历史故障码 ☐能够正确恢复现场场地	未完成一项扣2分	12		☐熟练 ☐不熟练	☐熟练 ☐不熟练	☐熟练 ☐不熟练
表单填写与报告的撰写能力	☐字迹清晰 ☐语句通顺 ☐无错别字 ☐无涂改 ☐无抄袭	未完成一项扣1分	5		☐熟练 ☐不熟练	☐熟练 ☐不熟练	☐熟练 ☐不熟练
	分数总计						

任务拓展

一、填空题

1. 触电的方式主要有_____和_____。

2. 电动汽车高压系统主要由_____、_____、高压配电箱 PDU、电动压缩机、DC/DC、OBC、PTC 等部件组成。

3. 纯电动车汽车高压电存在形式主要有_____、_____、_____三种。

二、选择题

1. 低压及 440 V 以下用电设备维修时，应选用的绝缘手套颜色为（　　）。
   A. 红色　　　　　　B. 白色　　　　　　C. 绿色　　　　　　D. 褐色

2. 高压绝缘手套电阻检测时,电阻表测量水槽与手套内的水之间的绝缘电阻(施加电压 500 V),绝缘手套与水之间的电阻应在(　　)MΩ 以上。

　　A. 0.5　　　　　　B. 0.8　　　　　　C. 1　　　　　　D. 2

3. 在进行绝缘表的使用时,以下(　　)操作是不正确的。

　　A. 使用绝缘表测量前,选择 1 000 V 挡位,"校表"若测量值为 0 Ω,则正常

　　B. 使用绝缘表测量,读取稳定后的数值,通电时间不要超过 30 s

　　C. 使用绝缘表时,必须佩戴绝缘手套和安全防护设备

　　D. 检测高压部件绝缘时,需断开高压部件的低压控制连接器,防止较高的电压击穿低压控制系统的控制器

4. 混动汽车不属于高压部件的选项是(　　)。

　　A. 空调压缩机　　　　　　　　　　B. 转向器

　　C. 驱动电机　　　　　　　　　　　D. 动力电池

5. 进行手动高压断电时,以下操作不正确的是(　　)。

　　A. 关闭点火开关,使用绝缘工具,拆卸低压蓄电池负极,等待 5 min

　　B. 穿戴绝缘防护设备,展示高压危险警告标识

　　C. 拆卸动力电池高压电缆

　　D. 使用万用表,选择直流电压挡,双手操作

三、简答题

1. 请简述新能源汽车主要有哪些高压安全措施。

2. 请简述新能源汽车主要有哪些高压防护工具。

任务三　新能源汽车维护

教学目标

- 知识目标
(1) 了解新能源汽车的维护方法。
(2) 熟悉新能源汽车的维护时间和维护里程。

- 技能目标
(1) 能正确使用新能源汽车维护计划表。
(2) 能正确对新能源汽车进行日常维护。

- 素质目标
(1) 培养学生在操作过程中的团队合作、项目沟通能力。
(2) 培养学生的批判性思维和创新意识。

李伟在一家4S店的维修车间实习,某天主管让他完成一辆新能源汽车的常规维护,并在完成后及时向车主反映情况,以此来考验他的实习效果。他如何才能够完成这项任务?

一、新能源汽车维护的认知

(一) 新能源汽车维护的概念

新能源汽车维护又称为新能源汽车保养,是指定期对新能源汽车各部分进行以清洁、检查、润滑、紧固、调整和仪表检测为中心内容的作业。

汽车在行驶中,由于受到各种因素的影响,各零部件必然会逐渐产生不同程度的自然松动、磨损和其他机械损伤,如果不及时采取必要的技术措施,汽车的动力性、经济性必然变差,可靠性也随之降低,甚至可能发生意外事故。汽车维护就是为了减少机件磨损、保证汽车具有良好工作性能、预防故障发生和延长车辆使用寿命而采取的维持性的技术措施。

(二)新能源汽车维护的内涵

虽然新能源汽车和传统汽车驱动方式有些差别,但依然要进行日常的维护。两者在维护方面最大的区别就是,传统汽车主要针对的是发动机系统的维护,需要定期更换机油、机油滤清器等,而新能源汽车主要是针对电池组和电机以及高压线束等进行日常的维护。下面从清洁、检查、润滑、紧固、调整和仪表检测六个方面来具体阐述新能源汽车维护的内涵。

(1)清洁。清洁作业的目的是提高新能源汽车维护质量、防止零件腐蚀、减轻零件磨损,并为检查、润滑、紧固、调整、仪表检测做好准备。清洁作业的内容包括清理插座、清理动力电池、驱动电机、减速器和电机控制器外表面等。

(2)检查。检查作业的目的是检查新能源汽车各零件是否松动或损坏。检查作业的内容包括检查冷却系统、驱动电机系统和制动能量回收系统的运行状况等。

(3)润滑。润滑作业的目的是为新能源汽车补充、更换润滑油,使相关部件处于最佳运行状态。润滑作业的内容包括使用符合车辆维修手册规定的润滑脂进行润滑,按规定补充或更换减速驱动桥、电动压缩机的润滑油。

(4)紧固。紧固作业的目的是保证新能源汽车各零件的连接部位处于正常状态。紧固作业的内容包括动力电池箱、车载充电机和高压配电装置的螺栓等。

(5)调整。调整作业的目的是保证新能源汽车各部分长期处于正常运行状态。调整作业的内容包括润滑油油量、冷却液液位、轮胎气压和动力电池电量等。

(6)仪表检测。仪表检测作业的目的是保证新能源汽车某些部件的电阻、电压等测试数值处于正常状态。仪表检测作业的内容包括使用相关仪表对新能源汽车的轮胎气压、高压系统的绝缘电阻等进行检测。

新能源汽车维护与保养认知

二、新能源汽车维护的分类及周期

新能源汽车维护一般可分为定期维护和非定期维护两大类。其中,定期维护可分为日常维护、一级维护和二级维护三类;非定期维护可分为走合维护、季节性维护和免拆维护三类。

(一)定期维护

日常维护是指以清洁、检查和调整为中心内容的维护作业。

一级维护是指除日常维护作业外,以润滑、紧固为中心内容,并检查制动、操纵等系统中安全部件的维护作业。

二级维护是指除一级维护作业外，以检查和调整转向系统、制动系统、悬架、驱动电机系统的运行状况和高压控制盒等为主的维护作业。

新能源汽车日常维护、一级维护及二级维护作业项目如表2-8所示。

表 2-8　新能源汽车维护作业项目

维护类别	作 业 项 目	执行人
日常维护	充电插座，驱动电机系统，冷却系统，制动系统，车轮，仪表，信号指示装置	驾驶员
一级维护	动力电池系统，制动能量回收系统，高压维修开关，充电插座，高压控制盒，车载充电机，DC/DC变换器，驱动电机系统，转向系统，空调系统，整车线束，插接件	维修技师
二级维护	动力电池系统、高压维修开关，高压控制盒，车载充电机，DC/DC变换器，驱动电机系统，转向系统，制动系统，行驶系统，空调系统，整车线束，插接件	维修技师

（二）非定期维护

走合维护又称首保或磨合期维护，是指新车磨合期内的维护，即新车使用初期，由专业人员按照车辆维修手册对车辆所进行的维护作业。

季节性维护是指为使新能源汽车适应季节变化而保持良好运行状况所实施的维护作业。

免拆维护是指在不解体的情况下，使用专用设备或高压防护用具对冷却系统、润滑系统和制动系统等进行相应的维护作业。

（三）新能源汽车维护的周期

1. 新能源汽车维护周期的定义

新能源汽车维护周期是指新能源汽车根据车辆行驶里程或使用时间进行分类维护的间隔期，是参考新能源汽车制造厂商推进的周期而制定的。新能源汽车维护与保养周期还可以结合新能源汽车自身技术状况和实际使用情况做出适当调整：对于一般技术良好的新车，可以适当延长周期；而对于技术状况较差或使用条件恶劣的新能源汽车，则需要适当缩短周期。

2. 新能源汽车维护与保养周期的规定

我国交通运输行业标准《纯电动汽车维护、检测、诊断技术规范》(JT/T 1344-2020)对新能源汽车维护与保养周期的规定如下。

（1）日常维护由驾驶员在出车前、行车中和收车后执行。

（2）一级、二级维护周期应按照车辆维修手册、使用说明书及《汽车维护、检测、诊断技术规范》(GB/T 18344-2016)的规定,并结合车辆类别、车辆运行状况、行驶里程、道路条件和使用年限等确定。

新车磨合期使用注意事项

纯电动车的维护保养相对简单,一般来说,5 000 km 左右进行首保,之后每 10 000 km 维护保养一次,不同车型略有差异,具体的维护周期如表 2-9 所示。而混合动力汽车的保养周期基本和燃油车一样,一般为 5 000～10 000 km 或者半年到一年进行一次常规保养。

表 2-9 纯电动汽车维护周期

序号	维护类别	营运电动汽车	非营运电动汽车
1	日常维护	每个营运工作日	
2	一级维护	5 000～10 000 km 或 1 个月	5 000～10 000 km 或 6 个月
3	二级维护	20 000～30 000 km 或 6 个月	20 000～30 000 km 或 1 年

知识链接

根据调查数据显示,比亚迪 2023 年上半年全球新车销量同比增长 96%,至 125 万辆,销量超过德国梅赛德斯奔驰和德国宝马,进入全球汽车品牌销量前十。这是中国汽车工业 70 年来的历史性时刻,从此以后,中国品牌首次跻身全球汽车品牌销量前十,不仅为中国汽车工业创造了全新的里程碑,而且更凸显了比亚迪作为全球唯一专注于新能源汽车生产的品牌的独特地位。

这一成就也证明,在新能源的领域,中国新能源汽车核心技术和产业链已经遥遥领先于其他国家,也象征着中国已经在全球范围内成为了新能源汽车领域的强国。

三、纯电动汽车的维护

（一）纯电动汽车的维护内容

正常情况下,纯电动汽车的维护项目是动力电池系统、冷却系统、空调系统、制动系统、转向系统等定期检查和维护的项目。针对不同品牌的电动汽车,具体的维护保养项目会有所不同。以大众 ID.4 车型为例,维护内容分为常规维护以及高压部件维护两部分,具体见表 2-10、表 2-11。

表 2-10 常 规 维 护

总 成	维 护 内 容
传动系统	变速器（减速器）
	传动轴护套、等速万向节及防尘套
行驶系统	轮胎外观、胎压
转向系统	转向横拉杆间隙及防尘套
制动系统	制动液、制动装置
冷却系统	冷却液及冷却管路
电器部件	蓄电池
	机舱各部分线束防护
	机舱各部分插接件状态
	灯光
	刮水器与清洗装置
	喇叭

表 2-11 高压部件维护

总 成	维 护 内 容
高压电池包	外观检查
	数据采集
电驱单元	驱动电机外观
	电机控制器
充电单元	车载充电机
	车载充电口
高压控制器	检查外观、表面清洁

（二）纯电动汽车的维护项目

纯电动汽车是靠电机驱动，维护时主要是对电池组和电机进行日常养护，并保持其清洁。简单归纳就是：清洁、紧固、检查及补充。纯电动汽车具体维护项目有以下10项。

1. 高压电池包

（1）外观检查。

目的：检查外观有无磕碰、损坏。

方法：将车辆举升，目测电池包底部有无磕碰、划伤、损坏的现象。

工具：无。

（2）绝缘检查（内部）。

目的：防止电池箱内部短路。

方法：将动力电池高压母线旋变拧开，用绝缘电阻表测总正、总负对地电阻，阻值大于或等于 500 Ω/V（1 000 V）。

工具：绝缘电阻表。

（3）底盘连接检查。

目的：防止螺栓松动造成故障。

方法：用扭力扳手紧固固定螺栓。

工具：扭力扳手。

（4）插接件检查。

目的：检查插接件有无异常。

方法：目测电池包高低压插接件是否出现变形、松脱、过热、损坏等情况。

工具：无。

（5）高低压插接件可靠性。

目的：确保插接件正常使用。

方法：检查是否松动、破损、锈蚀、密封等情况。

工具：绝缘电阻表、万用表。

（6）电池内部温度采集点检查。

目的：确保测温点工作正常，采集点合理。

方法：电脑监控温度与红外热像仪温度对比，检查温度精度。

工具：诊断仪器、红外热像仪。

（7）电池加热系统测试。

目的：确保加热系统工作正常。

方法：电池包接通 12 V，打开诊断仪器，启动加热系统，目测风扇是否正常工作。

工具：12 V电源、诊断仪器。

(8) 电池包密封检查。

目的：保证电池包密封良好，防止水进入。

方法：目视检查密封条或更换密封条。

工具：无。

(9) 标识检查。

目的：防止脱落。

方法：目测标识，如图2-104所示。

工具：无。

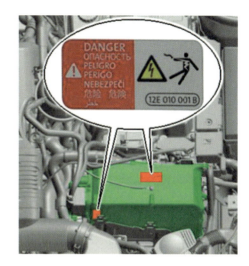

图2-104　电池包高压警示标识

2. 电驱单元

(1) 驱动电机安全防护。

目的：检查驱动电机外观有无磕碰、损坏。

方法：将车辆举升，目测驱动电机底部有无磕碰、划伤、损坏的情况。

工具：举升机。

(2) 外部检查。

目的：清洁电机及电机控制器表面，如图2-105所示。

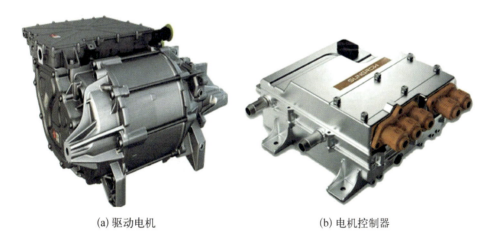

(a) 驱动电机　　　　　　　(b) 电机控制器

图2-105　电驱单元外部检查

方法：用压缩空气吹驱动电机及电机控制器，禁止使用潮湿的布和高压水枪进行清洁。

(3) 绝缘检查。

目的：防止驱动电机内部短路。

方法：将驱动电机U/V/W导线的插接件拧开，用绝缘电阻表检测，阻值大于或等于

500 Ω/V(1 000 V)。

工具：绝缘电阻表。

(4) 电机和控制器冷却检查。

目的：检查电机与电机控制器冷却液循环制冷效果。

方法：捏紧冷却管使其水道内部阻力增大，使冷却液泵转速变小，声音发生变化，如无声音变化，则水道内冷却液没有循环，需放气。

工具：卡环钳子、螺丝刀。

3. 充电单元

检查充电线外观及插头是否有破损、裂痕，同时检查充电是否导通；检查充电口盖能否正常开启或关闭，检查充电口外观、充电口端口能否正常使用，如图 2-106 所示。当充电口盖板打开时，仪表充电指示灯应常亮，当关闭充电口盖时，仪表充电指示灯应熄灭。

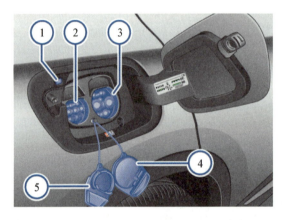

① 充电状态指示灯
② 交流电充电端口
③ 直流电充电端口
④ 直流充电口保护盖
⑤ 交流充电口保护盖

图 2-106 充电口

4. 高压控制器

检查高压控制器外观、充电口端口能否正常使用，管路连接是否可靠。

5. 转向系统

(1) 检查转向横拉杆球头间隙、紧固程度及防尘套状态。

举升车辆(车轮悬空)，通过摆动车轮和转向横拉杆来检查间隙。

检查转向横拉杆球头的固定螺母是否牢固，如图 2-107 所示。

检查转向横拉杆的防尘套有无损坏和安装位置是否准确。

(2) 转向助力功能。

在道路试车过程中，通过原地转向、低速行驶中转向，检测转向时方向是否有沉重、助力

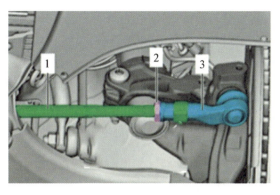

① 转向横拉杆
② 固定螺母
③ 转向横拉杆球头

图 2-107 转向系统组件

效果不足等故障。

将转向盘分别向左、右打至极限位置，检测是否有转向盘抖动、转向器异响等故障。

6. 制动系统

（1）驻车制动器。在斜坡将驻车制动器操纵杆拉到整个行程 70% 时，或驻车制动器棘轮齿数 6~7 齿时测试是否溜车，是则调整驻车制动器。

（2）制动装置。检查制动液是否泄漏。

（3）制动液。每隔 2 年或者行驶 4 万 km 更换制动液，选取合适标号的制动液；检查制动液液位，必须在 MAX 和 MIN 刻度线之间，如图 2-108 所示。

（4）对制动真空泵、真空罐、控制器进行检查。车辆停稳后，打开钥匙开关，完全踩下制动踏板，踩踏三次真空泵应正常起

图 2-108 制动液液位

动，大约 10 s 后真空度达到设定值时真空泵应停止运转。在制动真空泵工作时检查连接软管。检测重点部位有无磨损、漏气现象，包括制动真空泵与软管连接处、制动真空罐与软管连接处。

（5）前后制动摩擦片。检查前后制动摩擦片并视情况更换。

7. 冷却系统

（1）冷却液液位及冰点。液位应在"FULL"和"LOW"标记线之间；每隔 2 年或行驶 4 万 km 使用冰点测试仪检测冷却液冰点，冰点低于 −35℃ 应更换新的冷却液。

（2）冷却管路。检查冷却系统管路及各零部件接口处有无泄漏情况。

(3) 冷却液泵。检查冷却液泵接口是否有渗漏痕迹,是否有异响、停转现象。

(4) 散热水箱。在驱动电机及控制器冷却后在散热器后部(电机侧)使用压缩空气冲走散热器或空调冷凝器的碎屑,严禁使用水枪对散热器散热片喷施清洗。

8. 传动系统

(1) 检查变速器连接螺栓并紧固,半轴油封有无渗漏,每隔 1 年或行驶 2 万 km 更换变速器润滑油。

(2) 检查等速万向节及防尘套有无破损。

9. 电器部件

(1) 机舱及各部位低压线束防护及固定。检查前机舱线束各连接导线有无破损、碰擦干涉,是否连接良好,线束是否在原位固定。

(2) 机舱及各部位插接件状态。检查前机舱线束各连接导线插接件是否有松动、破损、锈蚀、烧熔等情况。

(3) 机舱及底盘高压线束防护及固定。检查前机舱、底盘各橘黄色线束各连接导线有无破损、碰擦干涉,是否连接良好,线束是否在原位固定。

(4) 机舱及底盘各高、低压电器固定及插接件连接状态。检查前机舱、底盘端子接线是否牢固,有无松动,控制线束插接件和旋变插接件连接是否牢靠,集成横梁上部件是否搭铁连接牢靠,有无松动。

(5) 蓄电池。使用手持式蓄电池检测表测量,起动电压大于或等于 12.5 V 为正常,正负极柱无松动。

(6) 灯光信号。检查前照灯、尾灯。

10. 行驶系统

(1) 轮胎。检查轮胎胎面和侧面是否有损坏和异物,轮胎是否有滚动面异常磨损毛刺等;花纹深度是否达到极限;检查胎压是否正常。

(2) 轮毂。检查轮毂有无划痕、磕碰。视情况做一次动平衡。

四、混合动力汽车的维护

混合动力汽车由于车辆仍然有发动机,因此,在日常的维护要求上,与传统汽车的区别并不大。混合动力汽车的定期维护包括两部分,第一部分是传统汽车的维护,包括发动机的油液、胎压、灯光等的维护和保养;第二部分是高压系统的维护,包括车辆的动力电池里面电池是否老化测试,以及高压线缆的绝缘性能是否下降等。因此,混合动力汽车的定期维护作业内容可借鉴纯电动汽车的首保和定期保养以及混合动力汽车的首保作业内容,再针对具体车型的维修手册进行维护。

表2-12为典型混合动力汽车的维护计划(I-检查,R-更换)。

表2-12 典型混合动力汽车的维护计划

维护时间间隔		HEV里程数或月数,以先到者为准											
	×1 000 km	3.5	11	18.5	26	33.5	41	48.5	56	63.5	71	78.5	86
维护项目	月数	6(首保)		30		54		78		102		126	
发动机及变速器													
1. 检查传动带有无裂纹、飞屑、磨损状况并调整其张紧度		I		I		I		I		R		I	
2. 检查整车点火回路及供电回路		I	I	I	I	I	I	I	I	I	I	I	I
3. 检查更换火花塞	一般使用条件	首次18 500 km更换,之后每隔22 500 km更换一次											
	严酷使用条件	检查并视情况提前更换											
4. 检查曲轴箱通风系统(PCV阀和通风软管)		I		I		I		I		I		I	
5. 检查冷却液管有无损伤,并确认接管部是否锁紧		I	I	I	I	I	I	I	I	I	I	I	I
6. 检查膨胀水箱内发动机冷却液液面高度		I		I		I		I		I		I	I
7. 加注汽油清净剂		定期维护时加注											
8. 更换发动机冷却液及驱动电动冷却液		采用有机酸型冷却液,每4年或行驶10×10^4 km更换一次											
9. 更换空气滤清器滤芯	一般使用条件	首次18 500 km更换,之后每隔22 500 km更换一次,定期维护时清洁											
	严酷使用条件	检查并视情况提前更换											

续表

维护项目		HEV 里程数或月数,以先到者为准											
	×1000 km	3.5	11	18.5	26	33.5	41	48.5	56	63.5	71	78.5	86
	月数	6(首保)		30		54		78		102		126	
10. 更换机油	一般使用条件	R	R	R	R	R	R	R	R	R	R	R	R
	严酷使用条件	R:每隔 5 000 km											
11. 更换机油滤清器		每次更换机油时更换											
12. 检查发动机怠速		I		I		I		I		I		I	
13. 检查排气管接头是否漏气		I		I		I		I		I		I	
14. 检查氧传感器		I		I		I		I		I		I	
15. 检查三元催化器		I		I		I		I		I		I	
16. 更换燃油滤清器				R		R		R		R		R	
17. 检查加油口盖、燃油管和接头		I		I		I		I		I		I	
18. 检查活性炭罐		I		I		I		I		I		I	
19. 检查更换自动变速器内的齿轮油、前变速器齿轮油、滤清器及总成齿轮油	一般使用条件	首次 56 000 km 更换,之后每 60 000 km 检查油品,必要时更换											
	严酷使用条件	视需要缩短周期											
20. 检查前机舱盖		每年											
21. 检查紧固底盘固定螺栓		I	I	I	I	I	I	I	I	I	I	I	I
22. 检查制动踏板和电子驻车开关		I		I		I		I		I		I	
23. 检查制动摩擦块和制动盘		I		I		I		I		I		I	
24. 更换制动液		首次 18 个月更换,之后每 24 个月更换一次,例行维护检查											
25. 检查制动系统管路和软管		I		I		I		I		I		I	
26. 检查转向盘、拉杆		I		I		I		I		I		I	

续 表

维护时间间隔	HEV里程数或月数，以先到者为准											
×1000 km	3.5	11	18.5	26	33.5	41	48.5	56	63.5	71	78.5	86
维护项目 / 月数	6(首保)		30		54		78		102		126	
27. 检查传动轴防尘罩			I		I		I		I		I	
28. 检查球销和防尘罩		I		I		I		I		I		I
29. 检查前后悬架装置			I		I		I		I		I	
30. 检查轮胎和充气压力	I	I	I	I	I	I	I	I	I	I	I	I
31. 检查前轮定位、后轮定位			I		I		I		I		I	
32. 检查车轮轴承有无游隙			I		I		I		I		I	
33. 检查冷气或暖气系统			I		I		I		I		I	
34. 检查空调空气过滤器		I		I		I		I		I		I
35. 检查空调装置的制冷剂			I		I		I		I		I	
36. 检查气囊系统			I		I		I		I		I	
37. 检查车身损坏情况	每年											

素养加油站

"追风者"王建清

王建清是东风商用车有限公司总装配厂调检一车间的一名汽车装调工、"王涛班"班长，同时，他也是2014年全国"五一劳动奖章"获得者，2016年中国汽车业"十大工匠"。30年的重复劳动，王建清从一名普通的汽车调整工，成长为东风汽车生产制造最后一道"质量把关者"，被人称之为"汽车故障诊断全科医生"。

一次，团队成员发现某车型底盘部件存在运动干涉质量风险，但关联部件处于车身底部，很难进行动态观察。王建清当即成立攻关小组，带着大家下地沟，钻到车底观察研究零部件情况。正是因为这样一次又一次的迎难而上，王建清带领团队完成了从"工厂质量把关人"到"客户体验把关人"的身份转变。

一、实训场地和器材

防护装备：常规实训装备。

实训车辆：大众 ID.4。

专用工具、设备：汽车举升机、润滑油加注器。

手工工具：组合工具、机油滤清器拆装扳手。

辅助材料：干抹布、润滑脂、冷却液、润滑油。

二、作业准备

作业前准备，包括场地布置、防护装备检查穿戴、仪器设备检查等。

三、操作步骤

（1）结合实际车型配置，参考以下步骤完成大众 ID.4 变速器润滑油的检查。

确认车辆是否处于水平状态，以检查油位。

检查变速器是否有漏油痕迹，如有，应分析漏油原因，修理漏油部位。

拆下油位螺塞，检查油位。如润滑油与油位螺塞孔齐平，则说明油位正常。否则，应补加规定润滑油，直到油位螺塞孔出油为止。

（2）维护保养时，润滑油的更换方法如下。

在换油前，必须停车断电，水平提升车辆。

在升起车辆的状态下，检查油位以及是否漏油，如有漏油，应处理。

拆下放油螺塞，排放废油。

给放油螺塞涂布少量密封胶并按规定力矩拧紧。

整理、恢复作业场地。

小组讨论并汇总变速器润滑油的检查项目及具体内容，并将小组成员做得不到位的地

方进行记录。

_____
_____
_____
_____

变速器润滑油的检查与更换

序号	作业项目	考核内容	配分	评分标准	评分记录	得分
1	安全操作	能按要求完成安全操作	10	1. 能进行设备和工具安全检查(5分) 2. 能进行车辆安全防护操作(5分)		
2	设备使用	能正确使用设备	10	1. 能正确使用举升机(5分) 2. 能正确使用润滑油加注器(5分)		
3	润滑油的检查与更换	能采用正确步骤进行检查与更换	60	1. 能正确确认油位螺塞(10分) 2. 能正确选择拆下油位螺塞的工具(10分) 3. 能正确加注润滑油(10分) 4. 能选择正确型号的润滑油(10分) 5. 能正确进行废油处理(10分) 6. 能正确检查有无泄漏(10分)		
4	资料使用及工单填写	能正确使用维修手册并填写工单	10	1. 正确使用维修手册(5分) 2. 正确填写工单,字迹清晰(5分)		

续　表

序号	作业项目	考核内容	配分	评分标准	评分记录	得分
5	工具使用及现场6S管理	能正确使用工具并按6S管理要求进行	10	1. 正确使用工具(5分) 2. 现场6S管理(5分)		
6	分数总计		100			

任务拓展

一、填空题

1. 新能源汽车维护一般可分为_____和_____。

2. 定期维护可分为_____、_____和_____。

3. 非定期维护可分为_____、_____和_____。

二、选择题

1. 下列不属于日常维护项目的是(　　)。

　　A. 动力电池系统　　B. 冷却系统　　C. 车轮　　D. 仪表

2. 大众ID.4的维护项目包括(　　)。

　　A. 驻车制动器　　　　　　　　B. 液压制动装置和制动液

　　C. 制动真空系统　　　　　　　D. 以上都是

3. 纯电动汽车冷却系统的维护项目包括(　　)。

　　A. 冷却管路　　B. 散热水箱　　C. 冷却液泵　　D. 以上都是

三、简答题

1. 请简述新能源汽车维护的内涵。

2. 请简述纯电动汽车的维护内容。

项目三 新能源汽车电驱动系统维护

新能源汽车核心的"三电"系统——电池、电机、电控,已成为决定车辆性能、寿命及安全性的关键要素,对它们的维护保养具有不可估量的重要性。冷却系统则为"三电"系统的稳定运行提供适宜环境。

本项目紧扣新能源汽车核心系统展开。一方面是动力电池维护,学习者将深入了解电池原理,学习电池外观检查、电池拆装等维护要点,确保电池稳定供电。另一方面是驱动系统维护,学习者通过学习驱动电机等部件构成,懂得为电机保养、核验传动部件,保障强劲动力输出。再者是冷却系统维护,学习者通过熟悉冷却循环路径,学会检查管路、监测冷却液、清洁散热器,维持系统散热效能,全方位护航新能源汽车的安全、高效运行。

新能源汽车电驱动系统维护
- 动力电池维护
- 驱动系统维护
- 冷却系统维护

任务一　动力电池维护

- **知识目标**
(1) 了解动力电池的分类及性能指标。
(2) 掌握动力电池的内部结构及工作原理。
- **技能目标**
(2) 能够对动力电池包进行正确拆装。
(3) 能够对动力电池系统进行基本的检查。
- **素质目标**
(1) 培养学生在操作过程中的团队合作、项目沟通能力。
(2) 培养学生的批判性思维和创新意识。

李伟在大众 4S 店实习,某天一位客户的 ID.4 车型行驶里程达到 20 000 km,维护提示灯点亮。李伟对该车进行了初步的检查,发现需要对动力电池进行维护,他如何才能完成这项任务?

一、动力电池的分类及性能指标

新能源汽车动力电池是指为新能源汽车提供驱动电力的可充电电池系统。它作为新能源汽车的核心能量存储部件,肩负着储存电能并在车辆运行时稳定输出电能的重任。

动力电池作为电动汽车的能量源,除了为电动汽车提供电能外,它还起到以下作用:

动力电池组剩余电量(SOC)计算功能。

动力电池组温度和电压等参数检测功能。

动力电池组充放电控制和预充电控制功能。

动力电池组故障警告功能。

动力电池组热管理等功能。

动力电池总成安装在汽车底盘位置,使整车重量分布均衡,重心降低,如图3-1所示。

图3-1 动力电池位置

比亚迪·秦动力电池包组成

（一）动力电池的分类

目前国内外研究开发的电动汽车车用动力电池主要包括铅酸电池、镍镉电池、镍氢电池、钠硫电池、锂离子电池、空气电池、燃料电池和太阳能电池等,其中市场化程度及占有率较高的主流动力电池包括磷酸铁锂电池、三元锂电池、镍氢电池。

1. 磷酸铁锂电池

磷酸铁锂电池是指用磷酸亚铁锂作为正极材料的锂离子电池,它具有安全性能高、使用寿命长、高温性能好、大容量、无记忆效应、重量轻、环保等优点。

2. 三元锂电池

三元锂电池通常以镍钴锰酸锂（或镍钴铝酸锂）作为正极材料,其中镍元素助力提升电池的能量密度,使得车辆能够储存更多电能,进而显著延长续航里程,满足消费者对于长距离出行无需频繁充电的期望。它具有能量密度高、使用寿命长、额定电压高、具备高功率承受能力、自放电率低、重量轻等优点。

3. 镍氢电池

镍氢电池是一种绿色镍金属电池。它的正负极分别为镍和储氢合金材料,不存在重金属污染问题,且其在工作过程中不会出现电解液增减现象,可以实现密封设计。它具有放电电流大、能量密度高(续驶能力强)、发热量小等优点。

(二) 动力电池的性能指标

在电动汽车蓬勃发展的当下,动力电池作为核心部件,其性能优劣直接关系到车辆的整体表现。从实际应用中看,电动汽车动力电池的性能好坏主要取决于以下几个指标。

分布式电池管理系统组成

1. 比能量

比能量是指单位质量的电极材料放出电能的大小,它标志着纯电动模式下电动汽车的续驶能力。

2. 比功率密度

比功率密度是指燃料电池所能输出的最大功率除以整个燃料电池的重量或体积,用来描述电池在瞬间能放出较大能量的能力。

3. 比功率

比功率是指单位质量的动力电池所能提供的功率,用来判断电动汽车的加速性能和最高车速。比功率直接影响电动汽车的动力性能。

4. 循环寿命

循环寿命是动力电池充电、放电循环一周的次数,是衡量动力电池寿命的重要指标。循环次数越多,动力电池的使用时间越长。

二、动力电池系统的结构与原理

(一) 动力电池系统的结构

动力电池系统是电动汽车的动力源,是能量存储装置,其主要构成包括动力电池模组(电池模块)、电池管理系统 BMS、动力电池组箱体及辅助元器件等部分。动力电池系统的组成如图 3-2 所示。

动力电池系统的功能为接收和储存由车载充电机、制动能量回收装置和外置充电装置提供的高压直流电,并且为驱动电机控制器、DC/DC 变换器、电动空调、PTC 等高压元件提供高压直流电,如图 3-3 所示。

1. 动力电池模组

由一个或多个单体电芯并联再串联成一个组合,称电池模组;把每个电池组串联起来形成动力电池总成。例如,3P91S 即 3 个并联组成一个单体,再由 91 个单体串联成动力电池总成。其中 P 的含义是并联,S 的含义是串联。

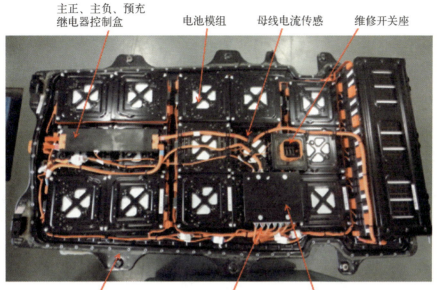

高压配电箱结构

图 3-2 动力电池组成

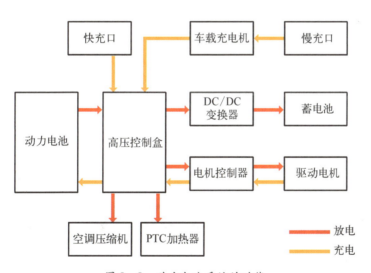

高压配电箱功用

图 3-3 动力电池系统的功能

2. 电池管理系统 BMS

电池管理系统 BMS 是电池的管理核心，它的作用、功能及组成等如表 3-1 所示。

3. 辅助元器件

辅助元器件主要包括动力电池系统内部的电子电器元件，如熔断器、继电器、电流传感器、接插件、烟雾传感器以及电子电器元件以外的辅助元器件，如密封条、绝缘材料等。

表 3-1 电池管理系统 BMS

项目	内容
作用	是电池保护和管理的核心部件。在动力电池系统中,它不仅要保证电池安全可靠的使用,还要充分发挥电池的能力和延长其使用寿命;作为电池和整车控制器 VCU 以及驾驶者沟通的桥梁,通过控制接触器控制动力电池组的充放电,并向 VCU 上报动力电池系统的基本参数及故障信息
功能	通过电压、电流及温度检测等功能实现对动力电池系统的过压、欠压、过流、过高温和过低温保护,继电器控制,SOC 估算,充放电管理,均衡控制,故障报警及处理,与其他控制器通信等功能;此外还具有高压回路绝缘检测功能,以及为动力电池系统加热控制功能
组成	按性质可分为硬件和软件,按功能可分为数据采集单元和控制单元
硬件	主板、从板及高压盒,还包括采集电压、电流、温度等数据的电子器件
软件	监测电池的电压、电流、SOC 值、绝缘电阻值、温度值,通过与 VCU、充电机的通信,来控制动力电池系统的充放电

(1) 预充继电器与电阻。

预充继电器与预充电阻如图 3-4 所示,它们由 BMS 控制其闭合和断开。在充、放电初期需要闭合预充继电器进行预充电,例如充电初期需要给各单体电芯进行预充电,确定单体电芯无短路;放电初期需要低压、小电流给各控制器电容充电,当电容两端电压接近电池总电压时,预充完成后断开预充继电器,闭合总正继电器。

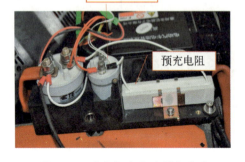

图 3-4 动力电池内的预充系统

图 3-5 分流电阻式电流传感器

(2) 电流传感器。

电流传感器用于监测充、放电电流的大小,电流传感器类型为无感分流器,如图 3-5 所示。

(3) 加热继电器。

动力电池的加热继电器通常与电池管理系统 BMS 紧密配合。BMS 会实时监测电池的温度、电压、电流等参数,当检测到电池温度过低时,BMS 会向加热继电器发出指令,控制加热继电器的通断,实现对电池加热的精确控制。同时,加热继电器也会将加热状态等信息反馈给 BMS,以便 BMS 进行全面的电池状态管理。

(4) 高低压接插件。

动力电池系统通过使用可靠的高压插接件"总正""总负"与高压控制盒相连,低压接插件连接 CAN 总线与整车控制器或车载充电机之间进行通信。

高压互锁检测开关工作原理(比亚迪·秦)

(二) 动力电池系统的工作原理

动力电池模组放置在一个密封并且屏蔽的动力电池箱里面,动力电池系统使用可靠的高低压接插件与整车进行连接,如图 3-6 所示。系统内的 BMS 实时采集各电芯的电压值、各温度传感器的温度值、电池系统的总电压值和总电流值,以及电池系统的绝缘电阻值等数据,并根据 BMS 中设定的阀值判定电池系统工作是否正常,并对故障实时监控。动力电池系统通过 BMS 在 CAN 与 VCU 或充电机之间进行通信,对动力电池系统进行充、放电等综合管理。

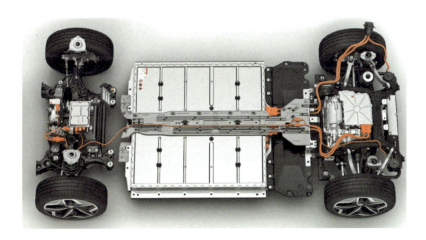

图 3-6 动力电池模组

三、动力电池系统基本检查

(一) 准备工作

1. 个人防护

电动汽车使用高压电路,在检修前必须做好以下个人防护措施。

(1) 佩戴绝缘手套。

(2) 穿防护鞋、工作服等。

(3) 手腕、身上不能佩戴金属物件,如金银手链、戒指、手表、项链等物品。

2. 车辆防护

在检查维护前必须准备好以下车辆防护用品:车轮挡块、车内四件套、车外三件套等。

3. 专用工具的准备

(1) 检修仪器,有些电动车配备有专门的检修仪器,如普锐斯 Prius 配备有智能测试仪。

(2) 常用仪表,如电压表、欧姆表、绝缘测试仪等。

(3) 常用工具,如螺丝刀、扳手等,这些常用工具必须有绝缘措施。

(4) 常用物料,如绝缘胶带、扎带等。

(二) 技术要求与注意事项

电动汽车系统使用高压电路,不正确的操作可能导致电击或漏电。所以,在检修过程中拆卸零件、检查、更换零件时,必须注意下列事项。

(1) 检修前必须熟悉车辆说明书和电源系统说明书。

(2) 对高压系统操作时断开电源。断开电源时须注意,通常断开高压或辅助电源时,系统内故障码有可能会被清除,所以须首先检查读取故障码后再断开电源。

(3) 断开电源后放置车辆 5 min,对车辆系统内的高压电容器进行放电。

(4) 佩戴绝缘手套,并确保绝缘手套没有破损(注意:不要戴湿手套)。

(5) 高压电路的线束和连接器通常为橙色,高压零部件通常贴有"高压"警示,操作这些线束和部件时需要特别注意。

(6) 对高压系统进行操作时,在旁边放置"高压工作,请勿靠近"的警告牌。

(7) 不要携带任何类似卡尺或测量卷尺等金属物体,因为这些物件可能掉落从而引起短路。

(8) 拆下任何高压配线后,立刻用绝缘胶带将其绝缘。

(9) 一定要按规定扭矩将高压螺钉端子拧紧。扭矩不足或过量都会导致故障。

(10) 完成对高压系统的操作后,应再次确认在工作台周围没有遗留任何零件或者工具以及确认高压端子已经拧紧并和连接器连接。

(三) 操作步骤

1. 电源系统常规维护

常规维护是指对影响电源使用过程中的安全隐患进行检查和排除,避免发生危险性事故。通过制定常规的预防性维护计划，可以更好地了解所使用电动汽车电池的健康状况和终止寿命，确定电池的更换或重点维护计划。常规维护一般每月进行一次。

(1) 维护程序。

① 动力电源系统在使用 1~2 个月后，维护人员需要对动力电源系统的外观和绝缘进行维护。

② 动力电源系统在使用 3 个月后，最好进行一次充、放电维护。

③ 维护人员在进行操作时必须戴好绝缘手套等防护用品，使用前必须熟悉动力电池产品的结构、工作原理和使用说明书。

④ 在进行充、放电维护时，维护人员应将动力电池系统按正常工作要求连接到位，接通管理系统的电源，监测电池的状态，根据监测的数据判定电池所处的环境温度、电池温度及电池电压等状态是否正常。

⑤ 进行充、放电维护前，操作者应先检查电源系统各部分的情况，在确保各部分正常的情况下才能进行充放电维护。

⑥ 维护均应在温度 15~30℃、相对湿度 45%~75%、大气压 86~106 kPa 的环境中进行。

⑦ 在充放电维护过程中，检查管理系统的功能是否运转正常。

⑧ 在充放电维护过程中，检查风扇是否在规定的温度下开启和关闭，是否运转正常。

⑨ 产品在充放电维护结束后，检测蓄电池包的绝缘电阻，测得的绝缘电阻应满足指标要求；用电压表分别测试蓄电池包的正极端子、负极端子与蓄电池包的最大电压，同时测得的电压值应不超过上限要求。

⑩ 维护后如果电动汽车动力电池系统的功能都正常，可进行使用；如果有异常情况和故障出现，应立即排除，无法排除的故障应及时与厂家联系。

(2) 维护内容。

① 检查动力电源系统的状态。

② 检查管理系统的功能是否正常。

③ 对电池进行充、放电维护。

(3) 维护方法。

① 外观维护。对电源系统的外观进行如下检查，如有问题应及时排除；如无法排除，应及时与厂家联系。

a. 检查电池包箱体是否完好，有无损坏或腐蚀。

b. 检查各紧固件螺栓、螺母是否松动。

c. 检查电池包之间的连接线是否松动。

d. 检查插头是否完好,各种线束有无损坏擦伤,有无金属部分外露。

e. 检查电池包的冷却通道是否异常。

② 绝缘性能检测。断开电池组与整车的高压连接,用数字电压表测量各个电池包的总正和总负端子对车体的电压是否小于上限值。如发现电压偏高,应测量电池包箱体与车体是否绝缘,如有问题,应由专业人员进行维修。通常可以根据系统总正和总负对车体的电压大致确认多个电池包组成的电源系统中哪一个对车体绝缘出现问题;通过测量电池包总正、总负对电池包外壳的电压,可以大致确定电池包内绝缘故障的电池模块。若同一个电池包出现多个漏电点,则电池包内可能会出现部分电池放电严重(内部形成短路),可以按照上面的方法逐个进行消除。如果绝缘性能检测正常,可进行充放电维护。

③ 电动汽车电池及管理系统。

a. 接通电池管理系统,采集并记录开路状态下电池组的总电压、各个电池模块的电压以及各个电池模块的温度。

b. 按厂家推荐的充、放电制度对系统进行充、放电测试。

c. 在充、放电过程中检查电池管理系统显示的电流、电压、温度和SOC是否正确;在车辆正常运行过程中,检查管理系统数据显示是否正常。如有问题须进行故障排除。

d. 接通辅助电源,运行车辆直至冷却系统工作,观察冷却通道是否通畅。

e. 检查管理系统与各部分连接是否有松动。

④ 冷却系统。检测进出风通道是否顺畅,风机是否能正常工作。清除防尘网上的灰尘及杂物或更换防尘网。

(4)注意事项。

① 动力电池系统化使用时,必须正确识别其正负极,不得接反,不得短路;动力电池系统充电按照指定的充电条件进行。

② 建议在0~30℃环境温度下进行充电。在气温较高的情况下,在充、放电过程中应打开车内空调,并开启电池包冷却风扇通风。在充电过程中应注意监测各电池模块的电压和温度,如温度超过温度上限,应停止充电。

③ 动力电池系统在使用时,应严格控制放电终止电压不低于放电最低电压,否则会使电池性能和循环寿命下降。

④ 动力电池系统的连接均应牢固可靠,动力电池系统应避免在倒置状态下工作。

⑤ 避免对动力电池系统长时间过度充电。

⑥ 环境温度过高或过低均会对动力电池系统的充电效率、放电容量、电压的稳定及使用

寿命等有不良影响。

⑦ 电动汽车动力电池系统在使用中发生异常情况,应立即断开电源,并及时与厂家联系进行维修。

⑧ 严禁用金属或导线同时接触动力电池系统的正负极,以免造成短路。充足电的动力电池系统要防止短路,否则会严重损坏电池,甚至发生危险。在运输和使用时,不要损坏或拆卸电池组,以免电池组短路。

⑨ 动力电池系统应储存在干燥通风、温度不高于35℃的环境中,请勿接近火源,并避免和酸性或其他腐蚀性气体接触。

⑩ 动力电池系统在充、放电过程中,如果出现异味或异常声响,请立即停止充电。

2. 电池系统重点维护

重点维护是对电池系统进行较详细的测试及检查,目的是保证电动汽车电池系统满足继续使用的要求,消除系统存在的安全隐患,延长电池系统的使用寿命。重点维护一般6~8个月进行一次。重点维护前先按常规维护进行检查。

(1) 拆卸。

将电池包从车上拆卸下来。若电池包在车上安装位置合适,利于开包检查和维护,可不进行拆卸。

(2) 开包。

① 观察电池包外观,看是否有燃烧、漏液、撞击等痕迹。

② 拧下电池包上盖固定螺钉,将电池包上盖取下,打开电池包。

注意:打开电池包时不要使电池包上盖与电池接触,也不要损伤电池包。

(3) 电池包内部状况检查及处理。

① 绝缘检测是指用数字电压表测量各个电池包的总正、总负端子对车体的电压是否小于规定数值,如发现电压偏高,查找漏电点,更换绝缘部件或采取补救措施,消除安全隐患。

② 检查电池包底盘和支架是否有电解液和积水等异常情况,如果存在这些异常,须更换电池,同时清理电池包安装部位,确保电池包与底盘的绝缘。

③ 观察电池外观整洁度,是否有液体、腐蚀等现象。同时使用毛刷、抹布清洁电池表面及零部件。

④ 检查电池之间的连接是否有松动、锈蚀等现象,若有,进行清理或更换。

⑤ 检查系统输出端子的连接、电池管理系统各连接插件是否牢固,如发现有松动即刻

紧固。

⑥ 清理防尘网的灰尘或杂物；对于采用外进风的冷却系统，电动汽车电池系统较长时间应用，电池包内可能会积存大量灰尘等，必须进行清理，清理后再次进行绝缘检测。

⑦ 检查各电池外观，是否有损坏、漏液、严重变形等现象，若有，对这些电池进行标记并更换。

⑧ 检测每只电池的电压，对电压异常的电池进行维护或更换。

⑨ 数据采集系统的检查。检查各连线是否连接牢固，检查各焊点是否有松动、脱焊现象，否则进行补焊。

注意：本部分工作与电池直接接触，操作过程中注意避免发生触电事故，不要使电池发生短路，电池包的开包检查与更换必须由专业人员进行。

纯电动汽车电源系统维护

3. 电池系统储存维护

储存维护是指对长期储存（时间超过 3 个月）的电动汽车电池系统进行测试及检查，目的是避免因长期不使用而引起性能衰降，同时消除电池组存在的安全隐患。

（1）环境要求。

① 环境温度范围为 15~30℃。

② 环境相对湿度范围最大为 80%。

（2）维护方法。

有条件的话对电池系统进行一次全充全放，以使电池性能得到活化。在没有放电设备条件下进行充电维护，可按照常规充电方法或厂家推荐的充电方法将电池系统充满电。对于经历长期储存的电系统/电池，首次充电必须采用较小电流进行。主要目的是：① 各类电池均不适宜在较低电压下进行储存，定期补充电将提高电池的储存性能。② 通过充电调整电动汽车电池的电压一致性。

对于铅酸蓄电池，储存时荷电量一般保持在满充电状态；对于 Ni/MH 电池，一般保持在 20%~60% 的荷电状态；对于 Li 系列电池，荷电量保持在 40%~80% 为宜。

4. 动力电池总成更换

本任务以大众 ID.4 车型为例，介绍动力电池总成更换，更换流程如图 3-7 所示。

注意：准备更换动力电池总成前应关闭点火开关，拆下低压蓄电池负极连接线与高压母线插头，车辆举升到合适高度时，举升机要锁止安全锁，高压蓄电池拆装升降台（图 3-8）上升接触到动力电池底部再进行拆卸工作。

断电、验电、下电内容已经在项目二中介绍，这里重点介绍拆装流程。

项目三 新能源汽车电驱动系统维护 141

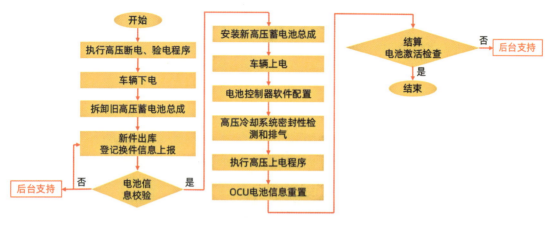

图3-7 动力电池总成更换流程

图3-8 高压蓄电池拆装升降台

（1）动力电池总成拆卸。

关闭点火开关，打开机舱。

断开低压蓄电池负极接线柱。

将车辆用举升机升起，置入高压蓄电池拆装升降台，使用平台支撑动力电池总成。

断开直流高压母线等电气接插件，顺序如图3-9所示。

拆卸动力电池固定螺栓，如图3-10所示。

取出动力电池总成。

拆卸动力蓄电池总成

（2）动力电池总成安装。

缓慢举升高压蓄电池拆装升降台，调整位置，使动力电池总成上的安装孔与车身对齐。

安装并紧固动力电池总成螺栓，拧紧力矩如图3-11所示。

安装动力蓄电池总成

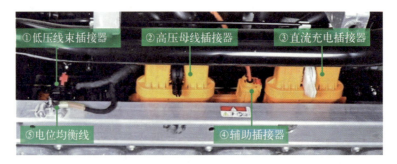

图 3-9 动力电池总成电气插接器拆卸顺序

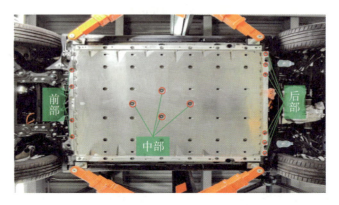

图 3-10 动力电池总成螺栓拆卸

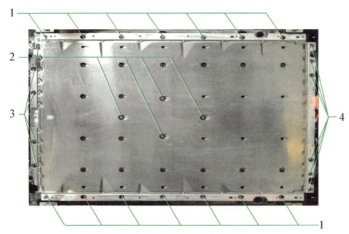

序号	数量	拧紧力矩
1	14个	50N·m+90°
2	4个	40N·m+180°
3	4个	50N·m+90°
4	6个	50N·m+90°

(a) 高压蓄电池固定螺栓安装顺序　　　(b) 高压蓄电池固定螺栓拧紧力矩

图 3-11 动力电池总成螺栓安装顺序及拧紧力矩

连接直流高压母线等电气接插件。

连接低压蓄电池负极电缆。

加入电池冷却液,进行规范排气操作。

关闭机舱盖。

一、实训场地和器材

新能源汽车作业工位和举升机、新能源汽车整车、拆装工具套件、防护用具等。

二、作业准备

（1）布置新能源汽车作业工位及场地。

（2）检查举升机、工具等。

（3）安装车辆内外防护套件。

三、操作步骤

（1）维护保养检查部件时，需关闭起动停止按键，断开电池负极电缆进行操作。

（2）检查高压线束固定螺栓和高低压线束插件。

① 检查高压线束固定螺栓是否松动。

② 检查高压线束插接件是否插接牢靠、是否有退针情况，若有问题，则及时修正。

③ 检查低压线束插接件内针脚（又叫端子）有无歪针、退针、断针；若有歪针，使用插件维修工具轻轻扶正；若有退针、断针，则更换相应部件。

（3）检查高低压线束：检查高压线束与低压线束表层是否破损、是否存在绝缘老化问题。若有问题，则及时更换。

（4）检查动力电池的外观，检查通风口有无堵塞、固定螺栓是否松动等。

① 检查动力电池的外观是否有赃物异物，若有，则及时清洁。

② 检查动力电池的通风口是否有堵塞现象，若有，则及时清理。

③ 检查动力电池安装是否牢靠、紧固螺栓是否松动，如有松动，则按照标准力矩拧紧紧固螺栓。

④ 检查动力电池的外观是否有裂痕，若有，则及时更换。

整理、恢复作业场地。

小组讨论并汇总动力电池系统的检查顺序、检查项目及具体内容，并将小组成员做得不

到位的地方进行记录。

动力电池系统检查考核评分标准

序号	作业项目	考核内容	配分	评分标准	评分记录	得分
1	安全操作	能按要求完成安全操作	10	1. 能进行设备和工具安全检查(5分) 2. 能进行车辆安全防护操作(5分)		
2	动力电池系统检查顺序	能按流程进行动力电池系统检查	10	能按流程进行动力电池系统检查(10分)		
3	动力电池系统检查内容	能采用正确步骤进行动力电池系统检查	60	1. 检查固定螺栓(10分) 2. 检查高压线束插接件(10分) 3. 检查低压线束插接件(10分) 4. 检查动力电池外观(10分) 5. 检查动力电池通风口(10分) 6. 检查动力电池安装(10分)		
4	资料使用及工单填写	能正确使用维修手册并填写工单	10	1. 正确使用维修手册(5分) 2. 正确填写工单,字迹清晰(5分)		

续　表

序号	作业项目	考核内容	配分	评分标准	评分记录	得分
5	工具使用及现场 6S 管理	能正确使用工具并按 6S 管理要求进行	10	1. 正确使用工具（5 分） 2. 现场 6S 管理（5 分）		
6	分数总计		100			

任务拓展

一、填空题

1. 通常情况下，动力电池的性能指标包括_____、_____、_____、_____等。
2. 新能源汽车上常见的动力电池有_____、_____和_____。

二、选择题

1. (　　)是电池的管理核心。
   A. 动力电池模组　　B. 电流传感器　　C. 预充继电器　　D. 电池管理系统 BMS
2. 电源系统储存维护过程中，对湿度的最大要求是(　　)。
   A. 小于 50%　　B. 小于 60%　　C. 小于 70%　　D. 小于 80%

三、简答题

1. 动力蓄电池作为电动汽车的能量源，除了为电动汽车提供电能外，它还起到哪些作用？

2. 请简述新能源汽车动力电池更换流程。

任务二　驱动系统维护

- **知识目标**
(1) 掌握驱动系统的组成、功能。
(2) 掌握驱动系统的基本检查方法。

- **技能目标**
(1) 能正确进行驱动电机工作状态检查。
(2) 能正确进行驱动电机性能检查。

- **素质目标**
(1) 培养学生的团队合作能力和探索新鲜事物的意识。
(2) 培养学生在操作过程中的严谨认真、一丝不苟的工作作风。

李伟是大众4S店的维修技师实习生,某天一位客户的ID.4车型需要进行驱动系统维护。李伟的师傅将这个任务交给他完成,他如何才能完成这项任务? 在维护过程中需要注意哪些事项?

比亚迪E5驱动系统结构

一、认识驱动系统

新能源汽车驱动系统主要由驱动电机、电机控制器、减速器和传动轴组成,并通过高压线束、冷却管路与整车其他系统做电气和散热连接,如图3-12所示。

驱动系统是新能源汽车的"三大电"系统之一,其工作任务是在驾驶员的控制下,高效地将动力电池的电能转化为车轮的动能,或者将车轮的动能转化为电能储存在动

项目三 新能源汽车电驱动系统维护 147

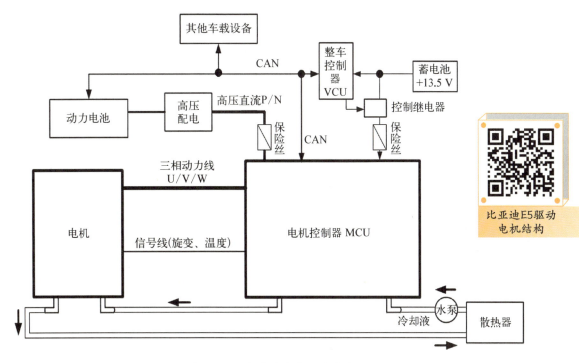

图 3-12 新能源汽车驱动系统

力电池中。驱动系统性能的好坏直接影响电动汽车的动力性、经济性和操控性,所以驱动系统的维护至关重要。

1. 驱动电机的类型

(1) 驱动电机根据电机工作电源的不同,可分为直流电机和交流电机。其中直流电机还可划分为永磁直流电机和电磁直流电机,交流电机还分为单相电机和三相电机,如图 3-13 所示。

图 3-13 按工作电源分类的驱动电机类型

(2) 驱动电机按结构及工作原理可分为直流电机、异步电机和同步电机。直流电机又可分为无刷直流电机和有刷直流电机,异步电机可分为感应电机和交流换向器电机,同步电机还可分为永磁同步电机、磁阻同步电机和磁滞同步电机,如图 3-14 所示。

(3) 驱动电机按转子的结构可分为笼型感应电机(旧标准称为鼠笼型异步电机)和绕线转子感应电机(旧标准称为绕线型异步电机),如图 3-15 所示。

图 3-14 按结构及工作原理分类的驱动电机类型

驱动电机按转子的结构分类 { 笼型感应电机 / 绕线转子感应电机

图 3-15 按转子的结构分类的驱动电机类型

（4）驱动电机按用途可分为驱动用电机和控制用电机。驱动用电机又分为电动工具用电机、家电用电机及通用小型机械设备用电机,控制用电机又分为步进电机和伺服电机等,如图 3-16 所示。

图 3-16 按用途分类的驱动电机类型

（5）驱动电机按运转速度可分为高速电机、低速电机、恒速电机、调速电机,如图 3-17 所示。

驱动电机按运转速度分类 { 高速电机 / 低速电机 / 恒速电机 / 调速电机

图 3-17 按运转速度分类的驱动电机类型

2. 驱动电机控制器组成与功能

（1）驱动电机控制器结构与组成。

驱动电机控制器整体由外壳、控制板、水道、直流高压插件、UVW 高压插件、功率器件（IGBT 或 MOSFET）模块及驱动板等部件组成,如图 3-18、3-19 所示。

（2）驱动电机控制器主要功能。

驱动电机控制器的主要功能如表 3-2 所示。

项目三 新能源汽车电驱动系统维护

图 3-18 外壳与主控板

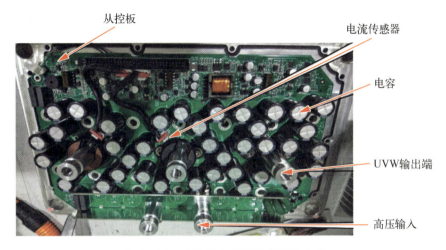

图 3-19 从控板与 UVW 高压输出端

表 3-2 驱动电机控制器主要功能

序号	电机控制器功能	备 注
1	控制电机正、反转	挡位手柄置于 D 挡时控制电机正转,挡位手柄置于 R 挡时控制电机反转
2	控制电机加、减速	在控制器控制电机运行时,油门开度增大电机转速变快,油门开度减小电机的转速变慢
3	控制电机启动、停止	当挡位手柄置于 D 挡或 R 挡时电机起动,在踩脚刹踏板、拉驻车手柄、挡位手柄置 N 挡或 P 挡时电机停止
4	CAN 通信	通过 CAN 总线能接收控制指令和发送电机参数,及时把挡位信息、电机转速、电机电流、旋转方向传给相关电子控制单元 ECU,并接受其他 ECU 传递的信息,如电压、电量等信息

续　表

序号	电机控制器功能	备　注
5	检测电机转子的位置	根据旋转变压器等位置传感器采集的电机转子位置角度实现电机相应控制
6	过流、过压、过温保护	当电机过温,散热器过温,功率器过流、过压、过温时发出保护信号,停止控制器运行
7	刹车制动与能量回馈	刹车时能实现电机的制动、能量回馈

3. 减速器结构及功能

减速器介于驱动电机和驱动半轴之间,驱动电机的动力输出轴通过花键直接与减速器输入轴齿轮连接。一方面减速器将驱动电机的动力传给驱动半轴,起到降低转速增大转矩作用;另一方面满足汽车转弯及在不平路面上行驶时,在左右驱动轮以不同的转速旋转的情况下,保证车辆的平稳运行。动力传递路线如图 3-20 所示。

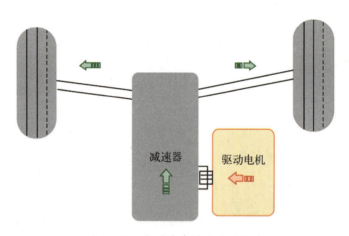

图 3-20　电动汽车动力传递路线

减速器动力传动机械部分是依靠两级齿轮副来实现减速增扭的。其按功用和位置分为五大组件：右箱体、左箱体、输入轴组件、中间轴组件、差速器组件。动力由电动机输入,经过一级减速齿轮减速将动力传至主减速器,再由差速器将动力分配至两侧车轮,如图 3-21 所示。

二、驱动电机系统的基本检查

(一) 准备工作

由于新能源驱动电机属于高压部件,在车辆维护过程中,需要做好以下工作。

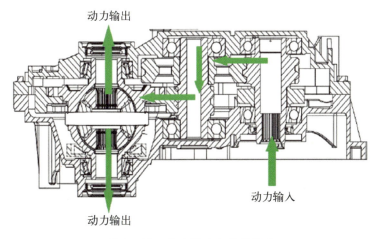

图 3-21 减速器动力传递路线

1. 专用工具的准备

（1）检修仪器，配备有专门的检修仪器，如 Prius 配备有智能测试仪。

（2）常用仪表，如电压表、欧姆表、绝缘测试仪等。

（3）常用工具，如螺丝刀、扳手等，这些常用工具必须有绝缘措施。

（4）常用物料，如绝缘胶带、扎带等。

2. 个人防护

电动汽车使用高压电路，在检修前必须做好以下个人防护措施。

（1）佩戴绝缘手套。

（2）穿防护鞋、工作服等。

（3）手腕、身上不能佩戴金属物件，如金银手链、戒指、手表、项链等物品。

纯电动汽车驱动系统维护

（二）注意事项

电动汽车系统使用高压电路，不正确的操作可能导致电击或漏电。所以，在检修过程中拆卸、检查、更换零件时，必须注意下列事项。

（1）检修前必须熟悉车辆说明书和电源系统说明书。

（2）操作高压系统时断开电源。断开电源时须注意，通常断开高压或辅助电源时，系统内故障码有可能会被清除，所以须首先检查读取故障码后再断开电源。

（3）断开电源后放置车辆 5 min，对车辆系统内的高压电容器进行放电。

（4）佩戴绝缘手套，并确保绝缘手套没有破损（注意：不要戴湿手套）。

（5）高压电路的线束和连接器通常为橙色，高压零部件通常贴有"高压"警示，操作这些线束和部件时需要特别注意。

(6) 对高压系统进行操作时,在旁边放置"高压工作,请勿靠近"的警告牌。

(7) 不要携带任何类似卡尺或测量卷尺等的金属物体,因为这些物件可能掉落从而引起短路。

(8) 拆下任何高压配线后,立刻用绝缘胶带将其绝缘。

(9) 一定要按规定扭矩将高压螺钉端子拧紧。扭矩不足或过量都会导致故障。

(10) 完成对高压系统的操作后,应再次确认在工作台周围没有遗留任何零件或者工具以及确认高压端子已经拧紧并和连接器连接。

注意:① 检查驱动电机绝缘性时一定要断开高低压电,断开插接件时注意安全;② 对纯电动汽车高压部件进行维护作业前,必须做好高压安全防护准备。

(三) 操作步骤

1. 检查并清洁驱动电机的外观

(1) 检查驱动电机是否有磕碰、损坏,表面是否漏液。

图 3-22 冷却液液面高度检查

(2) 检查驱动电机冷却液液面高度是否正常,如图 3-22 所示。

(3) 检查驱动电机的冷却水管是否有泄漏。

(4) 清洁驱动电机表面的灰尘、油泥。用高压气枪或干布对驱动电机的外观进行清洁。

注意:严禁使用水枪对驱动电机及高压部件喷水清洗。

2. 检查驱动电机的插接件

(1) 佩戴绝缘手套检查驱动电机高压插接件连接是否紧固。

(2) 检查驱动电机各传感器插接件是否紧固。

3. 检查驱动电机的螺栓

检查驱动电机与变速器总成安装力矩是否符合技术标准,比亚迪 E5 轿车螺栓安装力矩见表 3-3。

4. 检查驱动电机的绝缘性

测量驱动电机搭铁绝缘,将量程调至 500 V,将黑表笔搭铁,红表笔分别连接驱动电机三相端子,要求每相的测量值大于或等于 550 MΩ,如图 3-23 所示。

表 3-3　固定螺栓力矩

名　　称	力矩(N·m)
驱动电机与变速器总成安装螺栓	30
驱动电机固定螺栓	50～55

注意：测量驱动电机三相绝缘前，首先要对绝缘兆欧表进行检验，确定绝缘兆欧表合格后才能进行测量。

图 3-23　测量电机绝缘性

图 3-24　测量三相绕组电阻值

5. 检查驱动电机定子绕组电阻值

使用数字万用表，分别测量驱动电机三相定子绕组间的电阻值，其值应小于 1Ω，并且分别对电机壳体绝缘，如图 3-24 所示。

6. 检查旋变传感器及电机温度传感器的电阻值

（1）使用数字万用表，分别测量旋变传感器 A-B、C-D、E-F 组的电阻值是否符合技术标准。

（2）使用数字万用表，测量电机温度传感器的电阻值是否符合技术标准。

一、实训场地和器材

新能源汽车作业工位和举升机、新能源汽车整车、拆装工具套件、防护用具等。

二、作业准备

（1）布置新能源汽车作业工位及场地。

（2）检查举升机、工具等。

（3）安装车辆内外防护套件。

三、操作步骤

（1）维护保养检查部件时，需关闭起动停止按键，断开蓄电池负极电缆进行操作。

（2）检查高压线束固定螺栓和高低压线束插件。

① 检查高压线束固定螺栓是否松动。

② 检查高压线束插接件是否插接牢靠、是否有退针情况。若有问题，则及时修正。

③ 检查低压线束插接件内针脚（又叫端子）有无歪针、退针、断针。若有歪针，使用插件维修工具轻轻扶正；若有退针、断针，则更换相应部件。

（3）检查高低压线束：检查高压线束与低压线束表层是否破损、是否存在绝缘老化问题。若有问题，则及时更换。

（4）检查电机、电机控制器的外观，检查通风口有无堵塞、固定螺栓是否松动等。

① 检查电机、电机控制器的外观是否有赃物异物，若有，则及时清洁。

② 检查电机、电机控制器安装是否牢靠、紧固螺栓是否松动，如有松动，则按照标准力矩拧紧紧固螺栓。

③ 检查电机、电机控制器的外观是否有裂痕，若有，则及时更换。

整理、恢复作业场地。

实训任务总结

小组讨论并汇总动力驱动系统的检查顺序、检查项目及具体内容，并将小组成员做得不到位的地方进行记录。

_____

_____

_____

动力驱动系统检查考核评分标准

序号	作业项目	考核内容	配分	评分标准	评分记录	得分
1	安全操作	能按要求完成安全操作	10	1. 能进行设备和工具安全检查(5分) 2. 能进行车辆安全防护操作(5分)		
2	电驱动系统检查顺序	能按流程进行动力驱动系统检查	10	能按流程进行动力驱动系统检查(10分)		
3	动力驱动系统检查内容	能采用正确步骤进行动力驱动系统检查	60	1. 检查固定螺栓(10分) 2. 检查高压线束插接件(10分) 3. 检查低压线束插接件(10分) 4. 检查电机、电机控制器外观(15分) 5. 检查电机、电机控制器安装(15分)		
4	资料使用及工单填写	能正确使用维修手册并填写工单	10	1. 正确使用维修手册(5分) 2. 正确填写工单,字迹清晰(5分)		
5	工具使用及现场6S管理	能正确使用工具并按6S管理要求进行	10	1. 正确使用工具(5分) 2. 现场6S管理(5分)		
6	分数总计		100			

一、填空题

1. 驱动电机控制器整体由外壳、控制板、水道、_____、_____、功率器件（IGBT 或 MOSFET）模块及驱动板等部件组成。

2. 减速器介于_____和_____之间，驱动电机的动力输出轴通过花键直接与减速器输入轴齿轮连接。

二、选择题

1. 下列不属于同步电机的是（　　）。
   A. 永磁同步电机　　B. 磁阻同步电机　　C. 磁滞同步电机　　D. 无刷直流电机

2. 新能源汽车驱动电机的保养维护主要以（　　）为主。
   A. 维修　　　　　　B. 清洁　　　　　　C. 检查　　　　　　D. 清洁和检查

三、简答题

1. 在新能源汽车驱动电机维护过程中，需要使用到哪些专用工具？

2. 请简述新能源汽车驱动电机外观检查操作步骤。

任务三　冷却系统维护

- **知识目标**
（1）熟悉电动汽车冷却系统的组成。
（2）掌握电动汽车冷却系统维护的流程。

- **技能目标**
（1）能够正确添加或更换冷却液。
（2）能够正确更换电动水泵。

- **素质目标**
（1）培养学生的团队合作能力和探索新鲜事物的意识。
（2）培养学生在操作过程中的严谨认真、一丝不苟的工作作风。

情境导入

李伟是大众4S店的维修技师，某天一位新能源汽车车主将车辆开到维修站，反映该车已到维护期，想要对整车的冷却系统进行维护。带教师傅将这个任务交给他，他如何才能完成这项任务？

一、认识冷却系统

汽车的冷却系统是保证汽车动力驱动系统性能的重要部分，是动力电池、驱动系统能够正常工作的重要基础。冷却系统的技术水平及工作状况直接影响汽车性能指标。汽车冷却系统控制受汽车行驶工况、行驶环境等多个因素影响，是较为复杂的控制对象。除了冷却系统的本身状况外，其控制方法的优劣也直接影响着冷却系统性能。

冷却系统的功用是通过冷却液循环散热,为驱动电机、车载充电机、电机控制器、动力电池等部件进行散热,如图 3-25 所示。

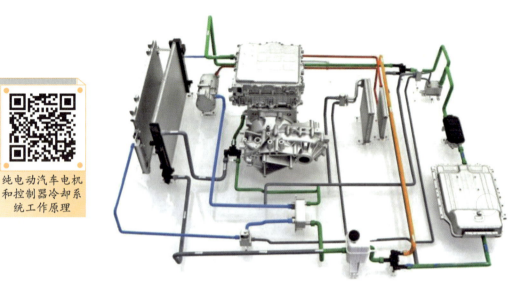

纯电动汽车电机和控制器冷却系统工作原理

图 3-25 电动汽车冷却系统

二、冷却系统的组成及其功能

电动汽车冷却系统主要由电动水泵、散热器、散热风扇、膨胀水箱和冷却管路等组成。

(一) 电动水泵

电动水泵是冷却液循环的动力元件,它对冷却液加压,促使冷却液在冷却系统中循环,带走系统散发的热量。电动水泵(图 3-26)采用的是永磁无刷直流电机,整个部件中没有动密封,浮动式转子(图 3-27)与叶轮注塑成一体。禁止电动水泵在没有冷却液的情况下空载运行,否则将导致转子、定子的磨损,最终导致水泵的损坏。

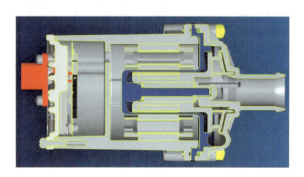

图 3-26 电动水泵剖面图

图 3-27 转子

(二)散热器与散热风扇

电动汽车散热器的作用主要是对电动汽车中的关键部件进行散热,以保证其性能和安全。散热风扇的作用是提高流经散热器、冷凝器的空气流速和流量,以增强散热器的散热能力,并冷却机舱其他附件,如图 3-28 所示。散热风扇的动力由整车电源提供输入,根据电机、控制器、空调压力等参数由整车控制单元控制风扇运行。

图 3-28 散热风扇

(三)膨胀水箱

膨胀水箱的作用是为冷却系统冷却液的排气、膨胀和收缩提供受压容积,同时也作为冷却液加注口,如图 3-29 所示。

(四)冷却管路

冷却管路的内外胶为三元乙丙橡胶,中间层由织物增强,耐温等级是Ⅰ级(125℃),爆破压力达到 1.3 MPa。冷却管路端口有安装定位标识,装配时注意将标识与散热器上的定位标识对齐。

图 3-29 膨胀水箱

三、冷却系统维护

(一)准备工作

1. 专用工具的准备

(1)检修仪器,配备抽液机。

(2)常用仪表,如电压表、欧姆表、绝缘测试仪等。

(3)专用工具,如螺丝刀、扳手、开口钳等。

纯电动汽车电池冷却系统工作原理

(4) 常用物料,如绝缘胶带、扎带等。

2. 个人防护

电动汽车使用高压电路,在检修前必须做好以下个人防护措施。

(1) 佩戴绝缘手套、护目镜等。

(2) 穿防护鞋、工作服等。

(3) 手腕、身上不能佩戴金属物件,如金银手链、戒指、手表、项链等物品。

(二) 操作步骤

1. 检查冷却系统管路及卡箍

检查冷却系统各管路及各零部件有无泄漏情况,卡箍有无松动。

2. 检查散热器

检查散热器翅片是否有变形,散热片是否有碎屑堆积。如有,须进行清洗。

注意:严禁使用高压水枪对散热片进行喷水清洗。

3. 检查电动水泵

检查水泵接口是否有泄漏,是否存在异响,检查水泵线束是否老化等,如图 3-30 所示。

图 3-30 检查电动水泵

4. 检查冷却液液位高度

检查冷却液液位高度时,需将车辆停放在水平路面上,应在电机、高压电控总成降温后再进行检查。液位高度如图 3-31 所示。

5. 更换冷却液

在冷却液中含有添加剂和抗泡沫添加剂,添加剂会在使用过程中逐渐丧失应有的功能,以至于无法对冷却系统内部进行很好的保护。也就是说,在冷却系统不发生泄漏的前提下,冷却液对于温度的控制基本不会变,但由于添加剂失效,特别是抗泡沫添加剂在水泵叶轮的

图 3-31 检查冷却液液位高度

图 3-32 拧下冷却液排放螺塞

搅动下,会使冷却液产生气泡,气泡会大大削弱冷却液的效果。所以,冷却液需按期更换,更换步骤如下。

(1) 用抹布小心谨慎地拧开散热器密封盖。

(2) 拧下散热器底部的冷却液排放螺塞,如图 3-32 所示。

(3) 排放废旧冷却液。

(4) 添加新的冷却液。

冷却液加注流程如图 3-33 所示。手工加注时由于存在驱动电机和控制器中冷却液无法彻底排除的问题,因此实际冷却液的加注量可能低于标准值。

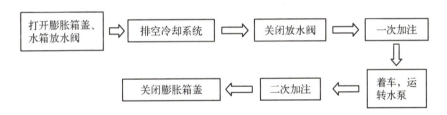

图 3-33 冷却液加注工作流程

注意:① 更换冷却液应佩戴好护目镜,穿上防护服。② 冷却液有毒,避免冷却液与皮肤或眼睛直接接触,如发生接触立即用大量清水冲洗。

一、实训场地和器材

新能源汽车作业工位和举升机、新能源汽车整车、拆装工具套件、防护用具等。

二、作业准备

(1) 布置新能源汽车作业工位及场地。

(2) 检查举升机、工具等。

(3) 安装车辆内外防护套件。

三、操作步骤

(1) 维护保养检查部件时,需关闭起动停止按键,断开蓄电池负极电缆进行操作。

(2) 检查高压线束固定螺栓和高低压线束插件。

① 检查高压线束固定螺栓是否松动。

② 检查高压线束插接件是否插接牢靠、是否有退针情况。若有问题,则及时修正。

③ 检查低压线束插接件内针脚(又叫端子)有无歪针、退针、断针。若有歪针,使用插件维修工具轻轻扶正;若有退针、断针,则更换相应部件。

(3) 检查高压线束与低压线束表层是否破损、是否存在绝缘老化问题。若有问题,则及时更换。

(4) 检查动力电池的外观,检查通风口有无堵塞、固定螺栓是否松动等。

① 检查冷却系统的外观是否有赃物异物,若有,则及时清洁。

② 检查冷却系统的通风口是否有堵塞现象,若有,则及时清理。

③ 检查冷却系统安装是否牢靠、紧固螺栓是否松动,如有松动,则按照标准力矩拧紧紧固螺栓。

④ 检查冷却系统的外观是否有裂痕,若有,则及时更换。

整理、恢复作业场地。

小组讨论并汇总冷却系统的检查顺序、检查项目及具体内容,并将小组成员做得不到位的地方进行记录。

_____
_____
_____
_____

 **任务评价**

冷却系统检查考核评分标准

序号	作业项目	考核内容	配分	评分标准	评分记录	得分
1	安全操作	能按要求完成安全操作	10	1. 能进行设备和工具安全检查(5分) 2. 能进行车辆安全防护操作(5分)		
2	冷却系统检查顺序	能按流程进行冷却系统检查	10	能按流程进行冷却系统检查(10分)		
3	冷却系统检查内容	能采用正确步骤进行冷却系统检查	60	1. 检查固定螺栓(10分) 2. 检查高压线束插接件(10分) 3. 检查低压线束插接件(10分) 4. 检查冷却系统外观(10分) 5. 检查冷却系统通风口(10分) 6. 检查冷却系统安装(10分)		
4	资料使用及工单填写	能正确使用维修手册并填写工单	10	1. 正确使用维修手册(5分) 2. 正确填写工单,字迹清晰(5分)		
5	工具使用及现场6S管理	能正确使用工具并按6S管理要求进行	10	1. 正确使用工具(5分) 2. 现场6S管理(5分)		
6	分数总计		100			

一、填空题

1. 冷却系统的功用是通过_____，为驱动电机、车载充电机、电机控制器、动力电池等部件进行散热。

2. 电动汽车冷却系统主要由电动水泵、_____、_____、_____和冷却管路等组成。

二、选择题

1. 冷却管路的内外胶为三元乙丙橡胶，中间层由织物增强，耐温等级是（　　）。

   A. Ⅰ级　　　　　B. Ⅱ级　　　　　C. Ⅲ级　　　　　D. Ⅳ级

2. 新能源汽车的（　　）是冷却液循环的动力元件。

   A. 电动水泵　　　B. 散热器　　　　C. 散热风扇　　　D. 膨胀水箱

三、简答题

1. 请简述新能源汽车冷却系统的基本功能。

2. 请简述新能源汽车冷却液更换操作步骤。

项目四　高压辅助器件维护

车辆各系统的精细化维护直接关系到新能源汽车能否持续、稳定、安全地运行,本项目聚焦新能源汽车高压辅助器件维护,着重围绕三个关键任务深入展开。首先是 DC/DC 变换器维护,DC/DC 变换器作为高压电气系统里的核心部件,负责精准转换电压,以适配不同用电设备。学习者需深入探究其原理,熟练掌握外观检查、电气性能检查及故障诊断流程,确保变换器稳定运行,为车辆各系统持续输送适配电压。其次是车载充电机维护,学习者要系统学习充电机组成机构与运行工作原理,熟悉不同充电模式切换逻辑,从外观检查、连接线路检查等,到内外部清洁保养,全方位保障充电机高效、安全运行,助力电池快速且健康地补充电量。最后是高压部件维护,涵盖高压线束、连接器、熔断器等关键组件,它们构建起了车辆高压电力传输的"骨干网络"。学习者需全面了解布局连接关系,绘制高压电路拓扑图,通过学习高压绝缘检测,掌握紧固与保养技巧,严防漏电风险,为新能源汽车高压电力的稳定传输、高效运行筑牢根基,全方位确保车辆安全无虞。

任务一　DC/DC 变换器维护

教学目标

·知识目标
(1) 熟悉 DC/DC 变换器的基本功能。
(2) 掌握 DC/DC 变换器的工作过程。

·技能目标
(1) 能进行 DC/DC 变换器的维护。
(2) 能对 DC/DC 变换器的故障进行诊断与维修。

·素质目标
(1) 培养学生在操作过程中的团队合作、项目沟通能力。
(2) 培养学生的批判性思维和创新意识。

情境导入

李刚在一家 4S 店实习，某天一位客户的吉利 EV450 需要做定期维护，根据厂家规定，对车子进行维护时需要对 DC/DC 变换器进行检查与维护。如果你是李刚，你将如何完成 DC/DC 变换器的检查与维护工作呢？

信息获取

DC/DC 变换器在新能源汽车中扮演着连接高压动力电池系统和车辆低压电气系统的桥梁角色，其在新能源汽车中的位置如图 4-1 所示。其主要功能是将高压动力电池系统提供的直流电变换为适合车辆内部低压电气设备使用的直流电。这种变换不仅满足了车辆内部各种低压电气设备的电压需求，还确保了设备的稳定供电。例如，车载电子设备、车灯、空调系统等都需要稳定的低压直流电来驱动，而 DC/DC 变换器正是实现这一变换的关键装置。

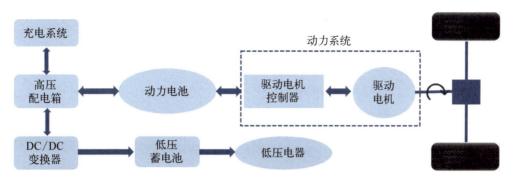

图 4-1 DC/DC 变换器位置

一、认识 DC/DC 变换器

DC 是直流电英文 Direct Current 的缩写，DC/DC 变换器在纯电动汽车、插电式混合动力汽车和燃料电池汽车等新能源汽车中都有应用，主要有升压、降压和稳压三种形式。DC/DC 变换器具有效率高、体积小、耐受恶劣工作环境等特点。

（一）DC/DC 变换器的类型

1. 升压型 DC/DC 变换器

升压型变换器能够提高输出电压，主要用于需要提高动力系统效率或逆变器输入总线电压的场合。在新能源汽车中，升压型 DC/DC 变换器有时被集成在逆变器中，以提高整个动力系统的性能。

2. 降压型 DC/DC 变换器

降压型变换器是新能源汽车中应用最广泛的一种。它的主要功能是将动力电池输出的高压直流电转换成低压直流电，为车辆的低压电气设备供电，并同时为低压蓄电池充电。这种变换器能够确保车辆在启动和行驶过程中，低压设备能够稳定、可靠地工作。

3. 升降压型 DC/DC 变换器

升降压型变换器既能够升压也能够降压，具有更大的灵活性和适应性。然而，在新能源汽车中，由于其成本相对较高且应用需求相对较少，因此这类变换器的使用并不广泛。

4. 稳压型 DC/DC 变换器

稳压型变换器主要用于防止电压波动对敏感器件产生影响。例如，在 Start-Stop 系统中，这类变换器能够确保在车辆启动过程中，电压的稳定性得到保障。

(二)DC/DC 变换器的基本功能和特点

1. 电压变换功能

(1) 降压功能。DC/DC 变换器能够将汽车动力电池包的高压直流电变换为低压直流电,以满足整车低压用电设备的使用需求。这一功能确保了车辆内部各种电子设备,如灯光、音响、仪表板等,能够正常工作。

(2) 升压功能。在某些情况下,为了降低燃料电池或其他电源的输出电压要求,DC/DC 变换器需要具备升压功能。这有助于提高能源利用效率,并适应不同电源的输出特性。

2. 电流输出能力强

DC/DC 变换器能够输出负载要求范围的直流电流,并且能够允许在足够宽的负载变化范围内正常运行。这包括在负载突然增加或减少时,变换器能够迅速调整输出电流,以保持系统的稳定性。

3. 高变换功率

作为能量传递部件,DC/DC 变换器需要具有较高的变换功率,以提高能源的利用率。这意味着在变换过程中,变换器应尽量减少能量损失,将尽可能多的电能传递给负载。

4. 适应性强

DC/DC 变换器能够适应输入直流电压在一定范围内的变化,并根据负载要求的变化范围输出相应的直流电压。这种适应性确保了变换器在各种工况下都能正常工作,提高了系统的可靠性和稳定性。

5. 耐受恶劣工作环境

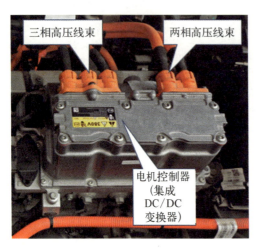

图 4-2 吉利 EV450 车型 DC/DC 变换器

新能源汽车的工作环境可能相对恶劣,如高温、低温、振动等。因此,DC/DC 变换器需要具备耐受这些恶劣工作环境的能力,以确保在各种条件下都能正常工作并延长使用寿命。

(三)DC/DC 变换器的工作流程

新能源汽车 DC/DC 变换器的工作流程涉及多个步骤和组件的协同作用,本任务以吉利 EV450 车型为例进行介绍。吉利 EV450 内的 DC/DC 变换器集成在电机控制器内,如图 4-2 所示。

同学们,新能源汽车的占有率逐年增高,作为将来的新能源汽车从业人员,如何看待 DC/DC 变换器集成在电机控制器内?这样设计的优点是什么?请谈谈你的看法。

高压上电前,低压电路依靠铅酸蓄电池供电;高压上电后,由 DC/DC 变换器将动力电池转换成低压直流电为铅酸蓄电池及全车用电设备供电。其原理如图 4-3 所示,具体工作流程如下。

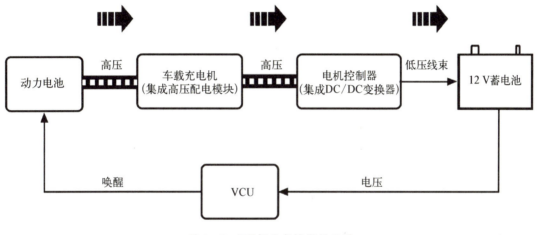

图 4-3 DC/DC 变换器原理图

1. 预充电流程

当新能源汽车整车 ON 挡上电或充电唤醒上电时,动力电池首先开始高压系统预充电流程。这一步骤是为了确保高压系统在启动或充电过程中能够平稳过渡,避免对系统造成冲击。

2. 接收使能信号

在预充电流程完成后,被唤醒的整车控制器 VCU 会发送给 DC/DC 变换器使能信号。这个信号是启动 DC/DC 变换器工作的关键。

3. 起动与工作

接到使能信号后,DC/DC 变换器起动。其工作原理涉及自激振荡电路的使用,该电路首先将输入的直流电转换为交流电。随后,通过变压器调整电压,再次转换为直流电输出。此外,倍压整流电路也可用于将交流电转换为高压直流电(但车载直流电源上的 DC/DC 变换器通常是将高压直流电转换为低压直流电)。

4. 电压变换与稳定

DC/DC 变换器的主要功能是将高压电池输出的直流电转换为低电压电子系统需要的直流电。这一过程中，DC/DC 变换器通过其内部的电路和组件，如控制芯片、电感线圈、二极管、三极管和电容器等，实现电压的精确变换和稳定。

5. 供电与充电

转换后的低压直流电被用于为车辆的低压设备，如照明、娱乐和仪表系统提供必要的电能。同时，在车辆蓄电池电量不足时，DC/DC 变换器还能充当发电机的角色，为蓄电池充电。

6. 保护与监测

DC/DC 变换器还具有多种保护功能，如输入过电压、欠电压保护，输出过电压、欠电压保护，输出过载、短路保护，以及过温保护等。这些保护功能能够确保 DC/DC 变换器在工作过程中的安全性和稳定性。此外，DC/DC 变换器还通过 CAN 通讯电路与 VCU 及外界控制器进行交互，实现故障诊断和 DC/DC 开闭信号接收。

车辆长期停放后蓄电池会亏电，导致整车无法上电。吉利 EV450 具有智能充电功能，车辆在停放过程中整车控制器 VCU 将对蓄电池电量进行监控，当电压低于一定值后，整车控制器将唤醒动力电池通过 DC/DC 变换器对铅酸蓄电池进行充电。

有的车型考虑到散热、结构布置等要求，会单独将 DC/DC 变换器列为一个独立模块。

二、DC/DC 变换器的维护与维修

DC/DC 变换器的运行直接关系新能源汽车的性能和安全。如果 DC/DC 变换器出现故障，可能会导致全车电气设备无法正常工作，甚至影响到车辆的行驶安全。因此，对 DC/DC 变换器进行有效的维护和保养，是确保新能源汽车正常运行的重要保障。

在实际维护过程中，需要根据 DC/DC 变换器的特点和工作原理，制定科学合理的维护计划。例如，定期检查 DC/DC 变换器的外壳有无变形、碰撞痕迹，检查散热翅片之间是否有异物，确保其散热性能良好；检查连接线束是否牢固，有无松动、破损或裂纹，及时进行更换或维修，防止漏电或短路；测量输出电压是否正常，判断其是否正常工作等。

具体检查步骤及内容如下。

（一）外观及物理连接检查

1. 检查外壳及散热翅片

观察 DC/DC 变换器的外壳是否有变形或明显的碰撞痕迹。

检查散热翅片之间是否有异物,如有可用压缩空气吹走异物,以免影响 DC/DC 变换器的散热性能。

2. 检查连接线束

确认 DC/DC 变换器的连接线束是否牢固,有无松动、破损或裂纹,如图 4-4 所示。如有发现上述问题,应及时进行更换或维修,以免造成漏电或短路。

图 4-4 DC/DC 连接线束检查

3. 检查紧固螺栓

检查 DC/DC 变换器的紧固螺栓是否锈蚀,紧固力是否足够。避免因螺栓松动或脱落导致 DC/DC 变换器松动。

(二) 电气性能检查

1. 测量输出电压

保证整车线束连接正常。

通电前测量 12 V 蓄电池两端电压。

整车通电,关闭车上用电器,使用万用表继续读取数值,查看变化情况,判断输出电压是否正常。

2. 检测绝缘性能

使用绝缘电阻表检测 DC/DC 变换器的高压接口绝缘电阻值,确保其绝缘性能良好。

(三) 故障诊断与排除

1. 读取故障码

通过诊断仪读取 DC/DC 变换器的故障码,识别潜在的故障点。

2. 检测低压端信号线

确认插件完好,插针未退位,插件连接正常。

拔下低压插件,用万用表直流电压挡测量供电端脚与蓄电池负极之间是否有 12 V 蓄电池电压。如无电压,则检查前机舱保险盒 DC/DC 低压供电端保险是否烧坏。如保险正常,则检查供电端保险与插件供电端端脚线路是否导通。

检查 DC/DC 使能信号,拔下低压插件,用万用表直流电压挡测量使能信号端脚与蓄电池负极,之间应有 12 V 电压。如无电压,则用万用表欧姆挡测量使能信号端脚与整车控制器对应端脚,观察之间是否导通。

3. 检测高压输入与低压输出

检测 DC/DC 变换器高压输入时,先将车钥匙拧到 OFF 挡,取下蓄电池负极接线柱和低压端线束插头。之后再打开 PDU 盒体,确认高压熔断器是否完好。使用万用表电阻挡,万用表红黑笔分别点到保险丝两端,如果电阻值小于 10 Ω,则熔断器完好。

检测 DC/DC 变换器低压输出时,先确认正负输出线束与接插件是否完好、连接是否良好、有无松动或短路等现象。然后拆下 DC/DC 正负输出,红表笔接 DC/DC 正极输出,黑表笔接蓄电池负极。钥匙打开至 ON 状态,维持 ON 状态至少 15 s 后,正常电压应为 12~16 V。

(四) 注意事项

非专业人员勿操作。电动汽车内部有高压电,非专业人员请勿自行进行保养。

遵循维修手册。在进行维修时,应严格遵循新能源车辆的维修操作安全防护和规范。

定期维护。为确保 DC/DC 变换器的长期稳定运行,应定期进行维护和检查。

一、实训场地和器材

新能源汽车作业工位、绝缘手套、绝缘鞋、绝缘安全帽、护目镜、防静电服、绝缘工具、安全锁、隔离桩、警示牌、绝缘垫、灭火器、车辆挡块、解码仪等。

二、作业准备

作业前准备,包括场地布置、防护装备检查穿戴、车辆准备(吉利 EV450)等。

三、操作步骤

(一) DC/DC 变换器的检查

(1) 外观及物理检查。

(2) 电气性能检查。

(二) DC/DC 变换器故障诊断

(1) 教师设置故障。

(2) 学生根据教师设置的故障,使用解码仪找到故障位置,并记录故障码。

整理、恢复作业场地。

实训任务总结

所有同学回到理论教室,分组派代表上台展示相关操作视频和图片,由其他组同学进行评价,并对不足之处进行补充。

总结本次实训内容。

_____
_____
_____
_____
_____

任务评价

DC/DC 变换器的检查与维护考核评分标准

序号	作业项目	考核内容	配分	评分标准	评分记录	得分
1	检查维护前基本操作	能按要求完成准备工作	30	1. 关闭点火开关,安装防护用具,准备工量具(10分) 2. 拔下低压蓄电池的负极,将电缆桩头用绝缘胶布包好(10分) 3. 佩戴绝缘手套,断开动力蓄电池高压维修开关(10分)		
2	外观及物理检查	能按要求进行检查	30	1. 检查外壳及散热翅片(10分) 2. 检查连接线束(10分) 3. 检查紧固螺栓(10分)		
3	电气性能检查	能按要求进行检查	20	1. 测量输出电压(10分) 2. 检测绝缘性能(10分)		

续 表

序号	作业项目	考核内容	配分	评分标准	评分记录	得分
4	故障诊断	能正确完成故障诊断	10	能通过解码仪进行故障诊断(10分)		
5	检查维护整理工作	能按要求完成整理工作	10	作业后的6S管理(10分)		
6	分数总计		100			

任务拓展

一、填空题

1. DC/DC 变换器主要功能是将_____系统提供的_____变换为适合车辆内部_____使用的直流电。

2. 使用_____检测 DC/DC 变换器的高压接口绝缘电阻值,确保其绝缘性能良好。

二、选择题

1. 检查 DC/DC 使能信号,拔下低压插件,用万用表直流电压挡测量使能信号端脚与蓄电池负极,之间应有(　　)电压。
   A. 6 V　　　　B. 12 V　　　　C. 24 V　　　　D. 18 V

2. 在确认高压熔断器是否完好时,可使用万用表电阻挡,万用表红黑笔分别点到保险丝两端,如果电阻值小于(　　),则熔断器完好。
   A. 2 Ω　　　　B. 4 Ω　　　　C. 6 Ω　　　　D. 10 Ω

三、简答题

1. 请简述 DC/DC 变换器的基本功能和特点。

2. 请简述 DC/DC 变换器的工作流程。

任务二　车载充电机维护

- **知识目标**
(1) 了解车载充电机基本功能及组成结构。
(2) 熟悉车载充电机工作原理。

- **技能目标**
(1) 能叙述车载充电机组成结构并指认。
(2) 能进行车载充电机维护。

- **素质目标**
(1) 培养学生在操作过程中的团队合作、项目沟通能力。
(2) 培养学生的批判性思维和创新意识。

王先生购买的吉利 EV450 电动汽车已经行驶了 10 000 km，根据厂家规定需要对车辆进行维护，在维护过程中需要对车载充电机进行检测与维护。作为 4S 店的一名维修技师，李刚应该如何对王先生的电动汽车的车载充电机进行检查与维护呢？

随着人们环保意识的增强和新能源汽车技术的不断发展，电动汽车的市场份额逐渐扩大。车载充电机作为电动汽车的重要组成部分，其性能和可靠性直接影响着电动汽车的使用体验和安全性。

据统计，目前绝大多数的电动汽车都需要配置一台车载充电机，以满足用户日常的充电需求。车载充电机可以将来自电网的 220 V 或 380 V 交流电转换为适合动力电池的直流电，并且其运行状态能决定充电功率和充电效率。由于车载充电机在使用过程中会受到各种因素的影响,如温度、湿度、振动等,因此需要进行定期的维护和保养,以确保其正常运行。

一、认识车载充电机

车载充电机是固定安装在电动汽车上,将公共电网的电能变换为车载储能装置所要求的直流电,并给车载储能装置充电的装置。

(一) 车载充电机基本功能

1. 充电功能

车载充电机的核心功能是充电,其能够根据电池管理系统 BMS 提供的数据,动态调节充电电流或电压参数,以适配电池的充电需求,为电动汽车的动力电池安全、自动地充满电。在充电过程中,充电机能保证动力电池的温度、充电电压和电流不超过允许值,并具有单体电池电压限制功能,自动根据 BMS 的电池信息动态调整充电电流。

2. 通信功能

车载充电机具备通过高速 CAN 网络与 BMS 通信的功能,可据此判断电池连接状态是否正确,获得电池系统参数以及充电前和充电过程中整组和单体电池的实时数据;还可通过高速 CAN 网络与车辆监控系统通信,上传充电机的工作状态、工作参数和故障告警信息,接受启动充电或停止充电控制命令。

3. 安全防护功能

具有多种安全防护措施,如交流输入过压保护、欠压告警、过流保护,直流输出过流保护、短路保护、输出软启动(防止电流冲击),充电联锁,高压互锁(当有危害人身安全的高电压时,模块锁定无输出)以及阻燃功能等。

(二) 车载充电机适用车型与场景

1. 小型电动汽车

如宏光 mini 等电池容量较小的纯电动或者混动车型,车载充电机功率相对较小,一般 3.5 kW 的充电机即可满足需求。这类车型主要用于城市短途出行,对充电速度要求不高,更注重充电设备的便捷性和成本。

2. 中型电动汽车

电池容量较大的纯电动或者增程式混动车型,如大众朗逸、理想 ONE 等,车载充电机功率一般为 7 kW。这类车型适用于日常通勤和中短途旅行,对充电速度有一定要求,需要能够在较短时间内为电池补充一定电量。

3. 高端电动汽车

续航高的纯电车型,如特斯拉全系、极星全系等,车载充电机功率 11 kW 甚至更高。这类车型主要面向长途出行和对性能要求较高的用户,需要快速充电以减少充电时间,提高使用便利性。

(三) 车载充电机组成结构

吉利 EV450 的车载充电机结构主要由高压配电模块、散热层、车载充电机控制模块等组成,车载充电机具体位置如图 4-5 所示。

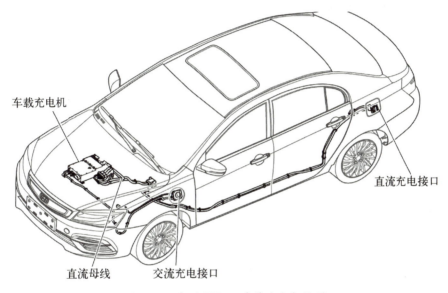

图 4-5 吉利 EV450 车载充电机位置

高压配电模块位于最上层,主要负责高压电的分配和管理,连接着各个高压插头、高压互锁线束以及开盖保护开关等,可防止在上电期间误开盖引发触电事故。

散热层处于中间层,由于充电机在工作过程中会产生热量,所以需要良好的散热系统。一般采用水冷散热,在这一层设置水道来进行散热。

车载充电机控制模块处于最下层,内部包含整流装置、AC/DC 转换装置以及温度管理系统等。整流装置将交流电转换为直流电,AC/DC 转换装置确保转换的效率和稳定性,温度管理系统则负责监测和控制充电机的工作温度,防止过热。

(四) 车载充电机工作原理

吉利 EV450 纯电动汽车配备有慢充系统和快充系统。慢充系统由慢充口(交流电)、慢充线束、车载充电机和动力电池等组成,快充系统由快充口(直流电)、快充线束和动力电池等组成。

新能源汽车快充系统功能类似手机的快充,能够在较短时间内给予动力电池充电。一般半小时即可充电80%。慢充口将电网的交流电通过车载充电机转换成直流电传递给动力电池为其充电,充电速度较慢。

吉利EV450车载充电机外观如图4-6所示,其工作原理如下。

图4-6 吉利EV450车载充电机

1. 输入环节

（1）交流电接入。当使用交流充电模式时,车载充电机从外部交流电源(如家用220 V插座或交流充电桩)获取交流电。这是整个充电过程的电力来源。

（2）整流。交流电流进入车载充电机后,首先经过桥式可控整流电路,将交流电转换为脉动直流电。这一步骤将输入的正弦波交流电转换为方向不变但大小仍有波动的直流电,为后续的功率因数校正做准备。

（3）功率因数校正PFC。经过整流后的脉动直流电会通过PFC电路。PFC的主要作用是提高电能的利用效率,减少对电网的谐波污染,并将输入电流的波形调整为与输入电压的波形尽可能接近同相位,从而使功率因数接近于1。经过PFC处理后,得到较为稳定的直流电,为后续的DC/DC变换提供高质量的输入电源。

2. 变换环节

（1）DC/DC变换。经过PFC后的直流电进入DC/DC变换器。DC/DC变换器由变压器和功率管等组成,其作用是将输入的直流电转换为适合动力电池充电的直流电。在这个过程中,变压器起到了改变电压等级的作用,而功率管则根据控制信号的要求,不断地开关,实现电能的转换。

（2）电压调节。DC/DC变换器根据电池管理系统BMS提供的数据,实时调整输出的电压和电流,以满足动力电池的充电需求。例如,在充电初期,电池电压较低,充电机需要输出较高的电压和较大的电流,以快速提升电池的电量；而在充电后期,电池电压逐渐升高,充电机则需要降低输出电压和电流,避免过充对电池造成损害。

3. 输出环节

（1）滤波。经过DC/DC变换后的直流电还存在一定的纹波,为了得到更加稳定的直流输出,需要经过电容滤波。滤波电容可以平滑输出电压,减少电压波动,使输出的直流电更加纯净,适合为动力电池充电。

(2)充电。经过滤波后的直流电最终输出到动力电池,为其充电。在充电过程中,车载充电机通过高速 CAN 网络与 BMS 保持通信,实时监测电池的充电状态,包括电池的电压、电流、温度等参数,并根据这些参数动态调整充电策略,确保充电过程的安全和高效。

二、车载充电机维护

车载充电机的维护对于确保其正常工作、延长使用寿命以及保障电动汽车的充电安全和性能至关重要。

(一)车载充电机维护的重要性

1. 安全保障需求

车载充电机在工作过程中,若缺乏维护,可能会引发一系列安全问题。例如,充电线路老化、损坏或接触不良,可能导致局部高温,进而引发火灾。据统计,约30%的电动汽车火灾事故与充电系统故障有关,其中车载充电机问题占据了一定比例。此外,车载充电机如果没有良好的散热系统,长时间工作可能会过热,当温度超过一定限度时,也可能引发火灾。而且,若车载充电机的电气隔离和保护功能失效,电动汽车的高压系统可能对低压系统造成干扰,对人员和设备安全构成威胁。例如,当发生过压、过流、短路等异常情况时,如果充电机不能及时切断电源,可能会导致严重的安全事故。

2. 性能稳定需求

良好的维护可以确保车载充电机的性能稳定,从而保证充电速度与效率。如果车载充电机内部积尘严重,或者电子元件老化、损坏,会影响其工作效率,降低充电速度。例如,当滤波器的电容和电感等元件性能下降时,输出的直流电纹波和杂波会增加,影响充电质量,同时也可能降低充电效率。另外,功率变换器若不能根据电池管理系统的数据准确调节充电电流或电压参数,也会导致充电速度不稳定。维护良好的车载充电机能够持续高效地为动力电池充电,提高电动汽车的使用便利性。例如,定期对车载充电机进行清洁和检查,可以及时发现并解决潜在问题,确保其始终处于良好的工作状态,从而保证充电速度和效率的稳定。

(二)车载充电机的维护内容

1. 日常检查

(1)外观检查。

车载充电机的外观检查是维护工作的重要一环,它不仅关系到充电机的美观,更直接影响其性能和寿命。定期查看车载充电机的外观,检查是否有明显的物理损坏,如外壳破裂、变形、划痕等。外壳的损坏可能会导致内部元件暴露,增加触电风险或受到外界环境因素(如灰尘、水分)的影响。

如果发现外壳有严重的碰撞、变形或破损,应及时考虑更换。一般来说,当外壳的损伤影响到充电机的正常工作或存在安全隐患时,就需要进行更换。例如,如果外壳变形导致内部电路受压,可能会引起短路等故障;如果破损处较大,无法有效防止水分和灰尘进入,可能会损坏充电机的电子元件。

检查充电接口是否有损坏、变形或异物堵塞。充电接口的正常状态是确保充电连接可靠的前提,如有异物(如灰尘、小石子等)应及时清理。

(2) 连接线路检查。

车载充电机的连接线束在车辆运行过程中起着至关重要的作用,一旦出现破损,将会带来严重的安全隐患。首先,线束破损可能导致漏电。根据相关数据统计,当线束出现破损时,漏电的概率可高达30%。漏电不仅会对车辆的电子系统造成损害,还可能危及车内人员的生命安全。例如,在一些案例中,由于线束破损导致的漏电引发了车辆起火,造成了严重的财产损失和人员伤亡。其次,线束破损可能会引起短路。短路会使电流瞬间增大,可能烧毁充电机或其他电子设备。而且,短路产生的高温还可能引发火灾。此外,线束破损还可能导致信号传输中断。这会影响充电机与其他设备之间的通信,使充电机无法正常工作,进而影响电动汽车的充电和行驶。

查看充电机与电池、车辆电气系统以及外部充电设施(如充电桩或家用插座)之间的连接线路。检查线路是否有松动、磨损、腐蚀等情况,如图4-7所示。松动的连接可能会导致接触不良,产生发热现象,甚至引发电气故障;而磨损或腐蚀的线路可能会影响导电性能,增加线路电阻,也可能导致漏电风险。

图4-7 车载充电机连接线路检查

(3) 车载充电机紧固螺栓检查。

在检查车载充电机的紧固螺栓时,若发现螺栓有锈蚀现象,应及时进行处理。螺栓锈蚀可能会导致紧固力矩不足,影响充电机的稳定性和安全性。

对于轻度锈蚀的螺栓,可以尝试用砂纸或钢丝刷进行打磨,去除表面的锈迹。然后,可以涂抹防锈油或凡士林等防锈剂,防止螺栓再次锈蚀。例如,根据实际经验,使用砂纸打磨后涂抹防锈油,可以有效延长螺栓的使用寿命。

如果螺栓锈蚀严重,无法通过打磨去除锈迹,或者已经影响到了紧固力矩,就需要考虑更换螺栓。在更换螺栓时,应选择与原螺栓规格相同的高质量螺栓,并确保安装牢固,如图4-8所示。同时,要注意检查螺栓的紧固力矩是否符合要求。一般来说,车载充电机的紧固螺栓力矩应根据厂家规定进行调整,通常在一定的数值范围内。

图4-8 车载充电机螺栓更换

"1+X"考证技能点

温馨提示:中车行2-1模块"新能源汽车动力驱动电机电池技术"中包含车载充电机更换模块,在该模块中考核评价标准之一为车载充电机紧固螺栓的拆卸。同学们在日常学习过程中,应根据不同车型的维修手册,确认紧固力矩,并对上述内容勤加练习。

2. 定期清洁

(1) 外部清洁。

使用干燥、柔软的布擦拭车载充电机的外壳,去除表面的灰尘、污渍等。避免使用湿布或带有腐蚀性的清洁剂,以免损坏外壳表面。

对于充电接口,除了擦拭表面的灰尘,还可以使用专用的清洁工具(如小刷子)清理接口内的细小杂物,但要注意避免损伤接口的金属触点。

(2) 内部清洁。

如果条件允许(如在专业维修店),可以对充电机内部进行清洁。使用压缩空气罐吹去内部电路板上的灰尘,灰尘积累可能会影响散热性能和电气性能。但这一操作需要小心谨慎,避免对内部元件造成物理损伤。

3. 散热维护

车载充电机过热是一个需要引起重视的问题，过热可能会影响充电机的性能和寿命，甚至可能引发安全隐患，因此做好散热维护至关重要。

（1）检查散热风扇（如有）。

若车载充电机配备散热风扇，定期检查风扇是否能够正常运转。风扇的作用是为冷却管路提供空气流通，增强散热效果。如果风扇出现故障，可能会导致冷却效果下降。可以在充电过程中，通过听声音或观察风扇叶片是否转动来判断。如果风扇不转，可能会导致充电机过热，影响其性能和寿命。

清理散热风扇周围的灰尘和杂物，确保空气流通顺畅。堵塞的散热通道会降低散热效率，使充电机内部温度升高。

（2）温度监测。

一些车辆可以通过车载系统查看充电机的温度。在充电过程中，要注意观察充电机的温度是否在正常范围内。如果发现温度异常升高（超过规定的工作温度范围），应停止充电，并检查散热系统或寻求专业维修。

（3）冷却管路维护。

为了确保车载充电机冷却管路的正常运行，需要采取一系列的维护措施。首先，要定期检查冷却管路的连接处是否出现液体泄漏及渗出。可以通过目视检查和触摸的方式，查看管路连接处是否有潮湿、滴水的迹象。如果发现有泄漏，应及时进行处理。对于轻微的泄漏，可以使用密封胶进行临时修补，但要尽快找到根本原因并进行彻底修复。例如，对于一些小的裂缝，可以使用专用的密封胶进行封堵，以防止泄漏进一步扩大。

其次，要检查冷却管路的外观是否有破损、裂缝等情况。如果发现管路有破损，应及时更换，更换完毕后需要重新添置冷却液，如图4-9所示。同时，要注意检查管路的固定是否牢固，避免因车辆震动等原因导致管路松动或损坏。例如，可以定期检查管路的固定夹是否松动，如有必要，可以更换新的固定夹。

（4）散热不良解决。

当车载充电机出现散热不良的情况时，我们可以采取以下措施来解决。首先，检查充电机的散热器是否被灰尘、杂物等堵塞。如果散热器堵塞，会影响空气流通，导致散热效果下降。可以使用压缩空气或软毛刷清理散热器，确保散热孔畅通无阻。

其次，检查充电机的安装位置是否合理。如果充电机安装在密闭空间或靠近热源的地方，会影响散热效果。可以考虑将充电机安装在通风良好的位置，远离热源。

图 4-9 添置冷却液

另外,还可以考虑使用辅助散热设备,如散热风扇或散热片。散热风扇可以增加空气流通,提高散热效果;散热片可以增加散热面积,加快热量散发。

4. 软件更新与系统检查

(1) 软件更新。

关注汽车制造商发布的关于车载充电机的软件更新信息。软件更新可能会修复已知的漏洞、提高充电机的性能、优化充电策略等。按照制造商的指示进行软件更新,通常需要将车辆连接到特定的诊断设备或通过车载网络进行在线更新。

(2) 系统检查。

定期对车载充电机的控制系统进行检查,这可能需要专业的诊断工具。检查内容包括充电机的通信功能(与车辆其他系统如电池管理系统 BMS 的通信是否正常)、充电参数设置(如电压、电流限制是否正确)等。

5. 故障处理与专业维修

(1) 故障识别。

熟悉车载充电机常见的故障现象,如充电中断、充电速度异常慢、充电时发出异常声音或气味等。一旦发现这些异常情况,应及时停止充电,并通过故障解码仪做进一步的检查,如图 4-10 所示。

(2) 专业维修。

由于车载充电机是一种复杂的电气设备,内部包含高压电路等危险部分,因此如果出现故障,尽量寻求专业的汽车维修技术人员或汽车制造商授权的服务中心进行维修。不要自行拆卸或修理充电机,以免造成人身伤害或进一步的设备损坏。

图 4-10 故障解码仪界面

一、实训场地和器材

新能源汽车作业工位、绝缘手套、绝缘鞋、绝缘安全帽、护目镜、防静电服、绝缘工具、安全锁、隔离桩、警示牌、绝缘垫、灭火器、车辆挡块、解码仪等。

二、作业准备

作业前准备,包括场地布置、防护装备检查穿戴、车辆准备(吉利 EV450)等。

三、操作步骤

(1) 外观检查。

(2) 连接线路检查。

(3) 车载充电机紧固螺栓检查。

整理、恢复作业场地。

实训任务总结

所有同学回到理论教室,分组派代表上台展示相关操作视频和图片,由其他组同学进行评价,并对不足之处进行补充。

总结本次实训内容。

任务评价

车载充电机维护考核评分标准

序号	作业项目	考核内容	配分	评分标准	评分记录	得分
1	检查维护前基本操作	能按要求完成准备工作	30	1. 关闭点火开关，安装防护用具，准备工量具(10分) 2. 拔下低压蓄电池的负极，将电缆桩头用绝缘胶布包好(10分) 3. 佩戴绝缘手套，断开动力蓄电池高压维修开关(10分)		
2	外观检查	能按要求进行检查	30	1. 检查外壳破裂、变形、划痕(15分) 2. 检查充电接口是否有损坏、变形或异物堵塞(15分)		
3	连接线路检查	能按要求进行检查	20	检查线路是否有松动、磨损、腐蚀(20分)		
4	紧固螺栓检查	能按要求进行检查	10	检查紧固螺栓有无锈蚀，紧固力矩是否足够(10分)		
5	检查维护整理工作	能按要求完成整理工作	10	作业后的6S管理(10分)		
6	分数总计		100			

任务拓展

一、填空题

1. 车载充电机的基本功能包括_____、_____和_____。
2. 吉利 EV450 的车载充电机结构主要由高压配电模块、_____和_____模块等组成。

二、选择题

1. 中型电动汽车的车载充电机的功率一般为(　　)。

    A. 3 kW　　　　B. 6 kW　　　　C. 7 kW　　　　D. 9 kW

2. 下列不属于快充系统的是(　　)。

    A. 快充口　　　B. 车载充电机　　C. 快充线束　　D. 动力电池

三、简答题

1. 请简述车载充电机维护的重要性。

2. 请简述车载充电机工作原理。

任务三　高压部件维护

- **知识目标**

  熟悉高压部件的种类。

- **技能目标**

  能进行高压部件的检查与维护。

- **素质目标**

  (1) 培养学生在操作过程中的团队合作、项目沟通能力。

  (2) 培养学生的批判性思维和创新意识。

赵刚在一家 4S 店实习，客户的大众 ID.4 车型来进行 10 000 km 维护，维护的内容之一就是高压部件。如果你是赵刚，你将如何完成这个任务呢？

信息获取

新能源汽车的高压部件的正常运行直接关系到车辆的性能和安全。与传统燃油汽车相比，新能源汽车的高压系统具有更高的电压和电流，对维护人员的安全提出了更高的要求。维护人员需要经过专业的培训，掌握高压电安全知识和维护技能，才能进行有效的维护工作。此外，高压部件的故障诊断和维修也需要借助专业的检测设备和工具，以提高故障诊断的准确性和维修效率。

比亚迪E5高压
电控总成组成

一、认识高压部件

本任务所指的高压部件含各高压连接器、高压线束、熔断器和高压接触器。

（一）高压连接器

在新能源汽车产业领域，高压连接器是极其重要的元部件，在整车、充电设施上均有应用，如 DC/DC 变换器、水暖 PTC 充电机、风暖 PTC、直流充电口、动力电机、高压线束、维修开关、逆变器、动力蓄电池、高压箱、电动空调、交流充电口等，如图 4-11 所示。

图 4-11　高压连接器

（二）高压线束

电动汽车整车共分为五段高压线束，分别为动力蓄电池高压线缆、电机控制器电缆、快充线束、慢充线束和高压附件线束（高压线束总成），如图 4-12 所示。

纯电动汽车控制系统维护

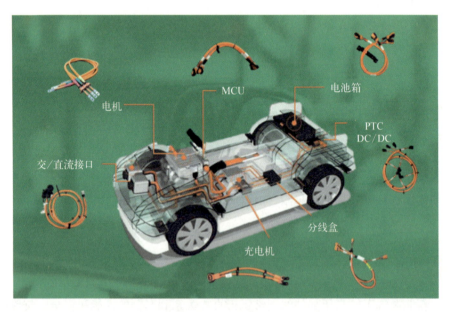

图 4-12　高压线束

高压线束是新能源汽车高压系统的神经网络，是车辆高压电气元件工作的桥梁和纽带。影响高压线束的隐患主要是过热或燃烧，此外恶劣环境对线束还有屏蔽、进水、进尘的风险等。高压电缆承载的电流较大，线束的直径随之变粗，这使得布线走向以及电磁干扰和屏蔽显得非常重要。高压线束要在车内布置占据较小空间，必须有良好的柔软性；高压线束处于车上的高振动环境，必须有良好的机械防护。

（三）熔断器

新能源汽车中车载的锂电池、储能电容、电动机、变流器和电控线路均属直流系统，都需要直流类型的熔断器做短路保护,如此才能保证其安全可靠的正常运行和超强的短路开断效果。根据目前电动汽车行业使用的熔断器,大多数车型系统最大电压一般为 700 VDC 以下,也有少数车型会略高于此电压,所以用于电池保护的熔断器以 500 VDC 和 700 VDC 两种为主,电流等级多为 200~630 A。

熔断器的应用领域非常广泛,如光伏市场等。新能源汽车主要应用在直流充电桩、充电机、动力蓄电池、维修开关等涉及高电压需要保护的地方,如图 4-13 所示。

图 4-13 熔断器

图 4-14 高压接触器

(四)高压接触器

高压接触器在新能源汽车中应用时,其电路电压一般都大于 200 V,远高于传统汽车的 12~48 V,新能源汽车除需要传统汽车所需的低电压继电器外,还需配备特殊的高压接触器。每台新能源汽车需配备 5~8 个高压接触器。随着使用者对新能源汽车的功能要求增多,需求的数量还会增加,如图 4-14 所示。

二、高压部件维护

高压线束与连接器等部件的成本较高,通过合理的维护和保养,可以减少部件的磨损和老化,提高其耐久性和可靠性。

(一)维护工具选用

1. 认识绝缘工具的重要性

在新能源汽车高压部件维护中,绝缘工具起着至关重要的作用。绝缘手套是纯电动汽车检验和维修过程中常用的安全器具和重要的绝缘防护装备,能够承受 1 000 V 以上的工作电压,并且具备抗酸、碱性,防止工作中接触来自高压动力电池组的酸性或碱性等化学物质对人体组织造成伤害。绝缘鞋的作用是使人体与地面绝缘,防止电流通过人体与大地之间构成通路,对人体造成电击伤害。在进行任何有关高压组件或线路的操作时,必须使用橡胶制成的绝缘手套和绝缘鞋,把触电时的危险降低到最小限度。

2. 安全用具的日常保养

安全用具的日常保养对维护工作至关重要。安全用具要加强日常保养,防止受潮、损坏和脏污。使用绝缘手套前要仔细检查,不能有破损和漏气现象;作业时,应将衣袖口套入手套筒口内,以防发生意外;使用后,应将内、外污物擦洗干净,待干燥后,撒上滑石粉放置平整,以防受压受损,且不要放于地上,应储存在干燥、通风的环境下,远离热源,避免受酸、碱、油等腐蚀品物质的影响,不要露天放置,避免阳光直射;使用 6 个月必须进行预防性试验。护目镜要选用经产品检验机构检验合格的产品,宽窄和大小要适合使用者的脸型;镜片磨损粗糙、镜架损坏,会影响操作人员的视力,应及时更换;要专人使用,防止传染眼病;焊接护目镜的滤光片和保护片要按规定作业需要选用和更换,防止重摔、重压,防止坚硬的物体摩擦镜片和面罩。绝缘鞋要检查表面及鞋底有无破损,确保其绝缘性能。绝缘帽要选择正确电压等级的安全绝缘帽,观察绝缘表面有无破损;冲击吸收性能、耐穿刺性能、侧向刚性、电绝缘性、阻燃性是对绝缘帽的基本技术性能的要求。绝缘胶垫要检查表面有无裂痕、砂眼、老化等现象;放置绝缘垫并用兆欧表检测绝缘性能,绝缘值应大于 500 MΩ。良好的安全用具日常保养可以确保其在维护工作中的有效性和安全性,降低维护人员触电风险。

有关安全用具的使用、保养及注意事项,在项目二任务二中有更为详细的描述,此处仅列要点,不再赘述。

(二) 高压部件维护内容

1. 高压线束外观检查

目测检查高压线束是否出现磨损、老化、弯曲、变形压痕,高压线束过线孔、过线护套等防护是否完好,底盘高压线束固定卡子是否牢固,高压线缆保护套有无进水、扭曲、破损。

2. 高压连接器的检查

(1) 检查高压连接器之间是否松动。用手轻轻晃动高压连接器,检查连接器插件之间是否松动,线束根部有无过热、变形、松脱现象。

(2) 检查高压连接器插件之间是否完好。拔下高压连接器,检查连接器插头和插件之间是否完好,插孔有无堵塞、插座有无弯曲变形等,如图4-15所示。

(3) 检查快、慢充电线及连接器。目测检查充电线是否出现磨损、老化、弯曲、变形压痕,检查充电线功能、外观及其插头状态。检查充电枪解锁除锁止按钮是否卡滞、是否能完全复位,同时进行充电测试,检测充电线是否导通。检查连接器插头和插件之间是否完好,插孔有无堵塞、插座有无弯曲变形等。

3. 高压线束的绝缘性能检查

电动汽车的电气设备直接安装在车辆底盘上,每个电气设备都是独立的电路回路,与底盘

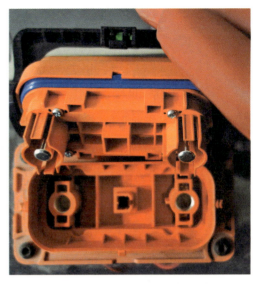

图4-15 检查高压连接器插件之间是否完好

之间没有直接的电气连接。电阻越大,绝缘性能越好,反之亦然。在电动汽车的高压电气系统中,分别利用电源的正、负极引线电缆相对于底盘的绝缘电阻来反映电气系统的绝缘性能。为了消除高压系统对人员和车辆的潜在威胁,需要检测其绝缘性能,以保证电动汽车的高压电气安全性。

对高压线束进行维护前,需要将蓄电池负极断电,再用专用的机舱线束保护剂均匀喷涂,然后用抹布擦干。有的车线路老化严重的,包括开裂的,一定要在线束上面用耐高温绝缘胶带裹好(必要时进行更换),再用开口型的耐高温螺纹管裹住卡好,喷过保护剂后需要将机舱晾晒一下,确保万无一失。

高压线束绝缘性能测试的具体步骤如下:

(1) 将高压绝缘测试仪的两个测试探头分别连接到高压线束的导体和接地端。

(2) 按照测试仪的操作说明,设置合适的测试电压和测试时间。一般来说,新能源汽车高压线束的绝缘电阻应不小于规定值(通常为几百 MΩ 甚至更高)。

(3) 启动测试,观察测试仪上显示的绝缘电阻值。如果绝缘电阻值低于规定值,说明高压线束的绝缘性能存在问题,需要进一步检查和维修。

一、实训场地和器材

新能源汽车作业工位、绝缘手套、绝缘鞋、绝缘安全帽、护目镜、防静电服、绝缘工具、安全锁、隔离桩、警示牌、绝缘垫、灭火器、车辆挡块、解码仪等。

二、作业准备

作业前准备,包括场地布置、防护装备检查穿戴、车辆准备(大众 ID.4)等。

三、操作步骤

(1) 高压线束外观检查。

(2) 高压连接器检查。

(3) 高压线束的绝缘性能检查。

整理、恢复作业场地。

实训任务总结

所有同学回到理论教室,分组派代表上台展示相关操作视频和图片,由其他组同学进行评价,并对不足之处进行补充。

总结本次实训内容。

_____
_____
_____
_____

任务评价

高压部件维护考核评分标准

序号	作业项目	考核内容	配分	评分标准	评分记录	得分
1	检查维护前基本操作	能按要求完成准备工作	30	1. 关闭点火开关,安装防护用具,准备工量具(10分) 2. 拔下低压蓄电池的负极,将电缆桩头用绝缘胶布包好(10分) 3. 佩戴绝缘手套,断开动力蓄电池高压维修开关(10分)		
2	外观检查	能按要求进行检查	30	1. 检查外壳有无破裂、变形、划痕(15分) 2. 检查充电接口是否有损坏、变形或异物堵塞(15分)		
3	连接线路检查	能按要求进行检查	20	检查线路是否有松动、磨损、腐蚀(20分)		
4	紧固螺栓检查	能按要求进行检查	10	检查紧固螺栓有无锈蚀,紧固力矩是否足够(10分)		
5	检查维护整理工作	能按要求完成整理工作	10	作业后的6S管理(10分)		
6	分数总计		100			

任务拓展

一、填空题

1. 高压部件含各高压连接器、_____、_____和_____。

2. 电动汽车整车共分为五段高压线束，分别为动力蓄电池高压线缆、电机控制器电缆、_____、_____和_____。

二、选择题

1. 绝缘手套使用（　　）个月，必须进行预防性试验。
   A. 3　　　　　　　B. 4　　　　　　　C. 5　　　　　　　D. 6

2. 新能源汽车高压线束的绝缘电阻应不小于规定值（　　）。
   A. 30 Ω　　　　　B. 1 000 Ω　　　　C. 9 000 Ω　　　　D. 500 MΩ

三、简答题

1. 请简述高压连接器的检查内容。

2. 请简述高压线束绝缘性能的检查步骤。

项目五　新能源汽车辅助系统维护

新能源汽车除了核心动力及高压辅助器件的精准维护外,关乎驾乘体验与行车安全的其他关键系统同样不容忽视,项目五着重围绕以下三个关键任务有序展开。

首先是转向系统维护,学习者需深入剖析转向系统的机械构造与电子助力原理,熟练掌握转向盘、转向柱、转向机等部件的外观检查要点,迅速察觉松动、磨损等异常迹象。其次是制动系统维护,学习者要从制动踏板、制动液、制动盘和摩擦片等内容开展日常外观检查,通过维护检查保障制动系统响应迅速、制动有力,让驾乘者在任何路况下都能安心出行。最后是空调系统维护,学习者需系统了解空调系统的制冷制热循环原理,熟悉压缩机、冷凝器、蒸发器等核心部件的布局与协同工作机制,完成空调系统的基本检查,确保车内始终保持宜人的温湿度,为驾乘者营造舒适惬意的车内环境。

任务一　转向系统维护

- **知识目标**
(1) 准确掌握转向系统各部件的位置。
(2) 熟悉转向系统的功能与组成。
- **技能目标**
(1) 能制定检查与维护转向系统的方案。
(2) 能正确使用安全防护用品，按技术标准对转向系统进行检查与维护。
- **素质目标**
(1) 培养学生的团队合作能力和探索新鲜事物的意识。
(2) 培养学生在操作过程中的严谨认真、一丝不苟的工作作风。

王刚是一家 4S 店的维修技师，某天客户来到 4S 店，反映其车辆在行驶的过程中，需要使用很大力气才能实现汽车转向。王刚在对轮胎胎压和前轮定位进行检查后，发现分别显示胎压和定位正常；顶起前桥拆下摇臂后转动转向盘发现转向变得轻便了。现王刚将故障锁定在转向系统的转向传动机构上，请根据所学知识随同王刚一起对转向传动机构进行检测维修。

一、认识转向系统

1. 转向系统功能

新能源汽车的转向系统是汽车底盘的核心组成部分，用来控制汽车方向，包括转向的操作及行驶稳定性的保证等各个方面,是新能源汽车安全性的保证之一。

2. 转向系统种类

新能源汽车转向系统包括机械转向系统、液压转向系统、电动转向系统及电液切换转向系统等。

二、转向系统检查前的准备工作

(一) 准备工作

1. 个人防护

(1) 佩戴工作手套、工作帽。

(2) 穿好工作鞋、工作服等。

(3) 手腕、身上不能佩戴金属物件,如金银手链、戒指、手表、项链等物品。

纯电动汽车电动助力转向系统组成

2. 车辆防护

在检查维护前必须准备好车辆防护用品:车轮挡块、车内四件套、车外三件套等。

3. 工、量具准备

(1) 检修仪器:四轮定位仪。

(2) 常用仪表:如轮胎气压表等。

(3) 专用工具:如世达工具56件套、扭力扳手等。

(4) 其他物料:肥皂水、刷子、抹布、手电筒。

(二) 注意事项

1. 当处理电子部件时

(1) 避免撞击电子部件,如EPS控制器和EPS电动机。如果这些部件跌落或遭受严重撞击,则应该更换。

(2) 不要将任何电子部件暴露在高温或者潮湿的环境中。

(3) 不要触碰连接器端子,以防变形或者因静电引起故障。

2. 当处理机械总成时

(1) 避免撞击转向管柱或者转向器总成,特别是电动机或者转矩传感器,如果这些部件遭受严重撞击,则应更换。

(2) 当移动管柱或者转向器总成时,不要提拉线束。

三、转向系统检查流程

1. 检查转向盘自由行程

(1) 将转向盘置于正前方位置,给转向盘周围施加 5 N 的力。

(2) 测量转向盘自由行程,如图 5-1 所示。

转向系统维护

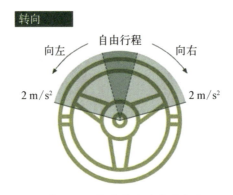

图 5-1 检查转向盘自由行程

> **知识链接**
>
> 转向盘自由行程是指不使转向轮发生偏转而转向盘所能转过的角度。转向盘自由行程为≤7°,若无法实现≤7°的自由行程,则需调整转向器调整楔块,使转向盘行程符合要求。

注意:① 当车辆停止或低速行驶时,避免长时间连续转动转向盘;当转向盘处于极限位置时,避免持续长时间(约 90 s)不转动转向盘。② 移动转向器总成时不要提拉线束,当断开和重新连接插接器时确保钥匙置于 OFF 位置;不要将任何电子部件暴露在高温或潮湿环境中;不要触碰插接器端子,以防变形或因静电而引起故障。③ 对转向系统(转向器、转向横拉杆、转向管柱等)进行操作时,在拆卸和安装过程中,转向盘必须在 0°车轮正直向前位置。

2. 检查转向盘有无松动和摆动,能否自由移动

用双手握住转向盘上下晃动,检查转向盘有无松动和摆动;用双手握住转向盘左右移动,检查转向盘能否自由移动,如图 5-2 所示。拉动转向盘调节开关,检查是否可以随驾驶人的要求上下调整转向盘的高度,并锁止在需要的高度。

图 5-2 检查转向盘有无松动和摆动

3. 检查转向器传动机构的工作状况和密封性

检查转向器传动机构的工作状况和密封性是否正常,检查前悬架、后悬架、转向器、转向横拉杆、转向管柱等相关部件是否松动或损坏,校紧各部螺栓,如图5-3所示。

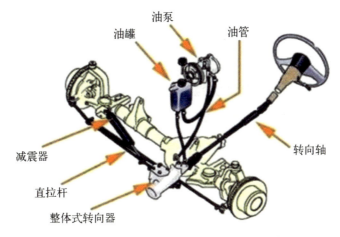

图5-3 检查转向器传动机构的工作状况和密封性

4. 检查转向盘及转向管柱有无变形与损坏情况

(1) 转动转向盘,检查转向球节轴承工作是否正常,看其有无磨损、损伤情况。检查转向轴和轴承,是否有"咔嗒"声和损坏,如有"咔嗒"声和损坏,应更换新部件。

(2) 目测检查轴是否损伤或变形。

(3) 转动转向盘,目测插接器转动是否顺畅,是否有损伤及转动。

5. 检查转向器本体连接紧固状态

(1) 检查转向器壳体上是否有裂纹,并注意转向器上的零件不允许焊接或校正,只能更换。

(2) 检查轴承及衬套的磨损与损坏,以及油封、防尘套的磨损与老化情况,并及时更换。

(3) 目测检查转向器上有无漏油处,如有漏油,更换全部O形圈及密封垫。

6. 检查转向横拉杆球头的间隙、紧固程度及防尘套

检查转向横拉杆球头的间隙、紧固程度及防尘套,需要按照下列步骤进行作业。

(1) 举升车辆(车轮悬空),通过摆动车轮和转向横拉杆来检查间隙。

(2) 检查转向横拉杆球头的固定螺母(图5-4)是否牢固。

(3) 检查转向横拉杆的防尘套(图5-5)有无损坏和安装位置是否正确。

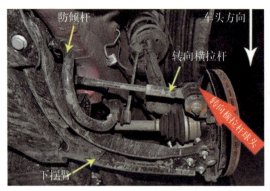 

图 5-4　检查转向横拉杆球头的间隙、紧固程度及防尘套　　图 5-5　检查转向横拉杆的防尘套

7. 检查转向助力功能

在道路试车过程中,通过原地转向、低速行驶中转向,检测转向时转向盘是否有沉重、助力效果不足等故障。将转向盘分别向左右转动至极限位置,检测是否有转向盘抖动、转向器异响等故障。

8. 路试检查

路试检查转向功能是否正常,有无噪声。

9. 检测电动助力转向系统主电源

检查电动助力转向系统主电源的主熔丝 FU06 供电是否正常,使用万用表测量 T5/4、T5/5 之间的电压,正常应为蓄电池电压,其中 T5/4 为搭铁,T5/5 为常电。

10. 检测电动助力转向系统控制器 20 针插件供电及信号输入

将钥匙转动至 ON 挡,检查电动助力转向系统控制器 5 号脚电压与蓄电池电压是否一致。检查 3 号脚车速信号线至整车控制器,用万用表电压挡测得数值应为 0.03~13.6 V 范围内。检查 4 号脚 501 号线,使用万用表测量电动助力转向系统电动机控制器输出电压为 5 V,其中 5 号脚 504 号线为转矩传感器搭铁。使用万用表检查 501 号线与 504 号线的电压,应为(5±0.1)V,若电动机控制器没有(5±0.1)V 输出,则更换电动机控制器。

一、实训场地和器材

新能源汽车作业工位和举升机、新能源整车、工具箱。

二、作业准备

1. 检车举升机。
2. 新能源整车和防护套等 6S 操作。
3. 准备拆装工具。

三、操作步骤

1. 准备检查

（1）停车入位，举升车辆至适合高度。

（2）拆下前下护板。

（3）按照前悬架、后悬架、转向系统的顺序依次检查。

2. 悬架检查

（1）检查悬架系统减振弹簧是否明显变形、断裂等，如图 5-6 所示。

（2）检查减振器是否变形、破损、漏油等。

（3）检查各球头是否松动或损坏。

（4）检查机械连接部件是否明显变形。

（5）检查连接螺栓是否松动。

3. 转向系统检查

图 5-6　减振弹簧检查

（1）检查仪表上转向系统故障警告灯有无点亮，如果点亮，用诊断仪读取故障码并进行消除。如不能消除，需进一步检查。

（2）检查转向系统转向时有无异响。

（3）检查转向系统各组成部件有无损坏。

完成上述检查后，若有异常，则进行相关维修；若无异常，检查结束。

竣工检验

整理、恢复作业场地。

实训任务总结

小组讨论并汇总悬架与转向系统的检查顺序、检查项目及具体内容，并将小组成员做得不到位的地方进行记录。

悬架与转向系统检查考核评分标准

序号	作业项目	考核内容	配分	评分标准	评分记录	得分
1	安全操作	能按要求完成安全操作	10	1. 能进行设备和工具安全检查(5分) 2. 能进行车辆安全防护操作(5分)		
2	悬架与转向系统检查顺序	能按流程进行悬架与转向系统检查	10	能按流程进行悬架与转向系统检查(10分)		
3	悬架与转向系统检查内容	能采用正确步骤进行悬架与转向系统检查	60	1. 能正确查找并识别前后悬架、转向系统各组成部件(10分) 2. 能正确检查前悬架组成部分有无故障(10分) 3. 能正确检查后悬架各组成部件有无故障(10分) 4. 能正确检查转向系统有无故障(10分) 5. 能准确判断是否需要做四轮定位(10分) 6. 能正确进行车辆前轮前束调整(10分)		
4	资料使用及工单填写	能正确使用维修手册并填写工单	10	1. 正确使用维修手册(5分) 2. 正确填写工单,字迹清晰(5分)		

续　表

序号	作业项目	考核内容	配分	评分标准	评分记录	得分
5	工具使用及现场6S管理	能正确使用工具并按6S管理要求进行	10	1. 正确使用工具(5分) 2. 现场6S管理(5分)		
6	分数总计		100			

一、填空题

1. 变速器一般位于汽车的 _____ 与 _____ 之间。
2. 普通齿轮变速器利用不同齿数的车轮啮合传动来实现 _____ 和 _____ 的改变。
3. _____ 主要表现为挂不上挡，或挂上挡后摘不下挡。变速器出现该故障后使汽车无法 _____。

二、选择题

1. 转向操纵机构拆卸后需重新进行(　　)定位并检查转向盘自由行程。
   A. 一轮　　　　B. 二轮　　　　C. 三轮　　　　D. 四轮
2. 汽车转向系统的功能是(　　)汽车的行驶方向。
   A. 保持　　　　B. 改变　　　　C. 保持和改变　　　　D. 保持或改变
3. 汽车转向盘不稳的原因不可能是(　　)。
   A. 转向器蜗杆轴承装配过紧　　　　B. 前束过大
   C. 横直拉杆球节磨损松动　　　　D. 转向节主销与铜套磨损严重,配合间隙过大

三、简答题

有哪些因素会造成车辆前轮摆振?

任务二　制动系统维护

- **知识目标**
(1) 准确掌握制动系统各部件的位置。
(2) 熟悉制动系统的功能与组成。

- **技能目标**
(1) 能制定检查与维护制动系统的方案。
(2) 能正确使用安全防护用品,能按技术标准对制动系统进行检查与维护。

- **素质目标**
(1) 培养学生的团队合作能力和探索新鲜事物的意识。
(2) 培养学生在操作过程中的严谨认真、一丝不苟的工作作风。

黄先生的新能源汽车已行驶了 30 000 km,在驾驶过程中总感觉制动行程过长。为了确保日常行车的安全,黄先生准备到 4S 店给他的爱车做一次维护。在得知黄先生的目的后,王刚作为维修技师,应根据维修手册及技术标准完成对制动系统的检查与维护,那么具体该如何操作呢?

一、认识制动系统

(一) 制动系统定义

新能源汽车制动系统是一种用来调节汽车速度并控制汽车停车的装置,可将汽车的动能转换为热能分散到周围空气中。制动系统在车辆行驶中尤为重要。

（二）制动系统的作用

（1）按照需要使汽车减速或在最短距离内停车。

（2）使汽车可靠地停放在原地，保持不动。

（3）下坡行驶时限制车速。

（三）制动系统的基本组成

为完成汽车制动系统的作用，现代汽车上一般设有以下几套独立的制动系统。

1. 行车制动系统

用于使行驶中的车辆减速或停车，制动器安装在全部的车轮上，通常由驾驶员用脚操纵。

2. 驻车制动系统

用于停驶的汽车驻留原地，通常由驾驶员用手操纵。

3. 应急制动、安全制动和辅助制动系统

（1）应急制动装置使用独立的管路控制车轮的制动器，作为备用系统使用，其作用是在行车制动装置失效的情况下保证汽车仍能实现减速或停车。

液压制动系统基本组成

（2）安全制动是当制动气压不足时起制动作用，使车辆无法行驶。

（3）辅助制动装置是为了下长坡时减轻行车制动器的磨损而设，其中利用发动机排气制动应用最广。

汽车上设置有彼此独立的制动系统，它们起作用的时刻不同，但它们的组成却是相似的。一般由以下四个组成部分：① 供能装置：包括供给、调节制动所需能量以及改善传能介质状态的各种部件，如气压制动系统中的空气压缩机、液压制动系统中人的肌体。② 控制装置：包括产生制动动作和控制制动效果的各种部件，如制动踏板等。③ 传动装置：将驾驶员或其他动力源的作用力传到制动器，同时控制制动器的工作，从而获得所需的制动力矩。包括将制动能量传输到制动器的各个部件，如制动主缸、制动轮缸等。④ 制动器：产生阻碍车辆的运动或运动趋势的力的部件。

较为完善的制动系还包括制动力调节装置以及报警装置、压力保护装置等。

（四）制动装置的分类

制动装置按使用目的分类，分为行车制动装置、驻车制动装置和辅助制动装置。

制动装置按使用能源分类，分为人力制动装置、动力制动装置和伺服制动装置。人力制动是以驾驶员的肌体作为唯一制动能源的制动系；动力制动是完全靠由发动机的动力转化而成的气压或液压形式的势能进行制动的制动系；伺服制动是兼用人力和发动机动力进行制动的制动系。

制动装置按传动装置的布置分类,分为单回路制动装置和双回路制动装置。单回路是指制动系的传动装置采用单一的气压或液压回路;双回路是指制动系所有行车制动器的气压或液压管路分属于两个彼此隔绝的回路。

二、制动系统检查前的准备工作

(一) 准备工作

制动系统维护

1. 个人防护

在检查维护前必须做好以下个人防护措施。

(1) 佩戴好工作手套、工作帽。

(2) 穿工作鞋、工作服等。

(3) 手腕、身上不能佩戴金属物件,如金银手链、戒指、手表、项链等物品。

2. 车辆防护

在检查维护前必须准备好车辆防护用品:车轮挡块、车内四件套、车外三件套等。

3. 工、量具准备

(1) 检修仪器,如钢尺、放气管等。

(2) 常用仪表,如千分尺、百分表、磁性表座等。

(3) 常用工具,如螺丝刀、扳手等。

(二) 技术要求与注意事项

(1) 按规定里程维护制动系统、视情况修理制动系统是轿车维护与检修最基本的操作技能,其技术状况的好坏,直接影响车辆的安全行驶。制动系统维护主要包括检查制动系统是否渗漏或损坏、检查制动液液面高度,必要时需添加制动液,检查制动蹄摩擦衬片或衬块的厚度,检查调整手制动装置等。

(2) 两人一组,一人在车内,一人在车外,共同完成车辆检查项目。操作过程中,注意两人之间的协调配合,把安全放在第一位,轮流作业。

三、制动系统检查流程

1. 检查制动踏板

(1) 关闭电源,踩几次制动踏板,感觉制动踏板反应灵敏程度,看制动踏板能否完全落下,有无异常噪声,是否过度松旷。

(2) 检查制动踏板自由行程。反复踩制动踏板直至助力器中无真空为止,然后用手轻轻按压制动踏板并且使用钢直尺测量，计算出制动踏板的自由行程，如图5-7所示。

(a) 自由状态

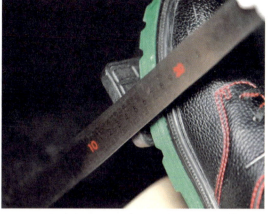
(b) 有阻力状态

图5-7 测量制动踏板的自由行程

2. 检查制动液

（1）检查制动液储液罐内的制动液量，如图5-8所示。液面应在制动液储液罐侧面MAX与MIN标记之间。若液面低于MIN标记，需补充制动液。

（2）检查制动主缸与储液罐周围有无泄漏，如发生泄漏，应立即维修。检查制动液软管是否有扭曲、磨损、裂纹，表面有无凹痕或其他损伤。

注意：汽车在出厂前就加注了制动液，并在储液罐盖上已注明，如再加注时，应使用同

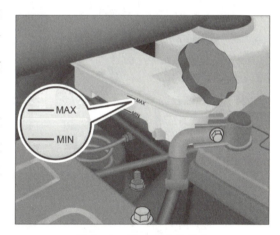

图5-8 制动液液位检查

样的制动液，否则会发生严重的损坏。不能使用过期的、用过的制动液，或未密封容器内的制动液。

（3）更换制动液。车辆正常行驶达到4万km或制动液连续使用超过两年，制动液很容易由于使用时间长而变质，因此，要及时更换。具体更换方法如下。

① 首先将制动系统内原有的制动液完全排尽，然后进行排气操作（排气顺序为右后轮、左后轮、右前轮、左前轮）。更换时应加注型号相同的制动液，在加液的过程中注意不要让制动液沾在油漆上，如沾上，应立即清洗。

图 5-9 安装放气管

② 把放气管连接在制动轮缸放气孔上,如图 5-9 所示。另一端插入装有制动液的容器内。反复几次踩制动踏板,踩住不动时松开放气螺栓。按此方法重复几次,直到放气孔中没有气泡流出,以规定力矩拧紧放气螺栓。

3. 检查制动盘和摩擦片

(1) 卸下车轮及卡钳,但不能将制动软管从钳上取下,如图 5-10 所示。

(2) 清洁摩擦片,检查摩擦片厚度,如摩擦片厚度不符合标准时应更换,如图 5-11 所示。

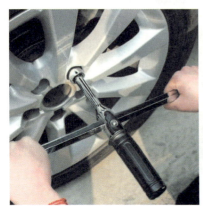 

图 5-10 卸下车轮及卡钳

图 5-11 测量摩擦片厚度　　图 5-12 测量制动盘厚度

(3) 检查制动盘有无过度磨损、裂纹。清洁制动盘,在距制动盘端面外边缘 10 mm 处沿圆周 4 个等分点,用千分尺分别测量制动盘厚度,如图 5-12 所示。若制动盘厚度超过极限,必须更换制动盘。

注意：根据上一次检查到现在的制动器摩擦片磨损量，估计制动器摩擦片在下一次检查时的情况；若估计制动器摩擦片的厚度将会小于可接受的磨损值，建议更换制动器摩擦片。

（4）检查制动盘轴向圆跳动量。在离制动盘端面外大约 10 mm 处，放置百分表顶尖。转动制动盘，测量轴向圆跳动量，如图 5-13 所示。若超过极限值，需要更换。

注意：测量轴向圆跳动前，应检查车轮轴承的游隙是否在规定的范围内，以保证测量准确。

图 5-13　测量制动盘轴向圆跳动量

4. 检查制动钳导向销和活塞防尘罩

检查导向销运动是否灵活，活塞防尘罩是否存在破损。如有必要，可在两者表面涂上润滑脂。若卡滞或破损应立即更换。

5. 检查电动真空泵

（1）检查电动真空泵的管路是否存在松动或漏气。

（2）检查真空罐单向阀（图 5-14）连接管路是否漏气，真空罐单向阀胶圈是否损坏。

（3）检查真空助力器及连接管路有无漏气。

图 5-14　真空罐

6. 检查驻车制动器

检查驻车制动拉索的收紧程度和驻车制动手柄拉起的齿数。在正常情况下，拉起驻车制动器，能听见棘爪的响声。当手柄提到整个行程 70% 的时候，驻车制动就处在正常的制动位置了。

7. 检查后制动鼓与制动蹄片

（1）卸下车轮与制动鼓，如图 5-15 所示。

（2）检查后制动鼓与制动蹄片有无过度磨损、损坏。在卸下车轮与制动鼓的同时，应检查制动分泵有无泄漏，如图 5-16 所示，如有损坏，应立即更换。

制动系统前后摩擦片检查

图 5-15 卸下制动鼓

图 5-16 检查制动分泵

 任务实施

一、实训场地和器材

新能源汽车作业工位、新能源汽车整车。

二、作业准备

(一)个人防护准备

1. 着装

作业人员应穿着整洁的工作服,佩戴帽子和安全鞋,确保在作业过程中得到充分的保护。

2. 防护设备

在涉及高压电、高温或机械部件维修时,作业人员应穿戴适当的防护设备,如绝缘手套、防护眼镜、耳塞等,防止意外伤害。

(二)车辆保护准备

1. 车辆状态检查

在开始维护作业前,应确保电动汽车处于关闭状态,并已断开高压电源,防止触电风险。

2. 保护用品准备

准备好散热器格栅罩、翼子板保护罩、座椅护面、地板垫、转向盘罩以及变速杆罩等保护用品,防止在作业过程中对车辆造成损伤。

(三)工具与设备准备

1. 工具准备

确保已备齐所需的各类工具、专用工具、测量仪器以及消耗品,如扳手、螺丝刀、扭矩扳手、制动液测试仪等。

2. 设备检查

检查举升设备是否处于良好状态，确保在顶升车辆时能够提供稳定支撑。同时，准备好安全底座和安全装置，防止车辆在作业过程中发生意外。

三、操作步骤

1. 检查制动液

定期检查制动液是否泄漏，若发现泄漏应及时修复。

定期更换制动液，确保性能稳定。

检查制动液液位是否低于最低刻线。

2. 清理制动部件

清理制动钳处的泥沙，防止影响制动效果和制动系统使用寿命。

3. 查制动装置

检查驻车制动器是否达到制动要求。

检查制动片厚度，应不小于 1.6 mm；检查摩擦片工作面有无异常磨损。

检查制动盘是否有磨损不均匀的情况，以及是否有凹槽等缺陷。

检查制动装置各油路是否漏油，是否回位自如。

4. 制动踏板检查

检查制动踏板自由行程，不符合要求时进行调整。

5. 真空助力测试

进行真空泵真空保压测试，检查真空罐是否漏气。

熄火状态下进行真空保压测试，检测电动真空助力系统管路有无泄漏。

整理、恢复作业场地。

小组讨论并汇总制动系统的检查顺序、检查项目及具体内容，并将小组成员做得不到位的地方进行记录。

制动系统检查考核评分标准

序号	作业项目	考核内容	配分	评分标准	评分记录	得分
1	安全操作	能按要求完成安全操作	10	1. 能进行设备和工具安全检查(5分) 2. 能进行车辆安全防护操作(5分)		
2	制动检查顺序	能按流程进行制动系统检查	10	能按流程进行制动系统检查(10分)		
3	制动系统检查内容	能采用正确步骤进行制动系统检查	60	1. 能正确查找并识别制动系统各组成部件(10分) 2. 能正确检查制动液是否处于正常范围内(10分) 3. 能正确检查制动踏板反应灵敏度(20分) 4. 能正确检查制动器与制动盘/鼓磨损程度(20分)		
4	资料使用及工单填写	能正确使用维修手册并填写工单	10	1. 正确使用维修手册(5分) 2. 正确填写工单,字迹清晰(5分)		
5	工具使用及现场6S管理	能正确使用工具并按6S管理要求进行	10	1. 正确使用工具(5分) 2. 现场6S管理(5分)		
6	分数总计		100			

一、填空题

1. 新能源汽车制动系统是一种用来_____并_____的装置。
2. 按使用能源分类,制动装置分为_____、_____和_____。

二、选择题

1. 车辆正常行驶( )km 或制动液连续使用超过两年,制动液很容易由于使用时间长而变质,因此,要及时更换。

   A. 4万　　　　　　B. 3万　　　　　　C. 2万　　　　　　D. 1万

2. 以下不属于按使用目的分类的制动装置是( )。

   A. 行车制动装置　　B. 辅助制动装置　　C. 驻车制动装置　　D. 单回路制动装置

三、简答题

1. 请简述新能源汽车制动系统的检查流程。

2. 请简述新能源汽车制动系统的作用。

任务三 空调系统维护

- **知识目标**
(1) 熟悉电动汽车空调制冷系统的组成。
(2) 熟悉电动汽车供暖系统的组成。

- **技能目标**
(1) 能够正确对空调系统进行维护操作。
(2) 能够正确进行空调系统基本检查。

- **素质目标**
(1) 培养学生的团队合作能力和探索新鲜事物的意识。
(2) 培养学生在操作过程中的严谨认真、一丝不苟的工作作风。

某天一位新能源汽车车主将车开到 4S 店进行维护,车主反映自己驾驶的比亚迪 E5 电动汽车已行驶 40 000 km,汽车行驶时空调不制冷,想要解决该问题。请问王刚应该如何操作才能解决车主的问题?

一、认识电动汽车空调系统

(一) 空调系统的组成

汽车空调是汽车室内空气调节系统的简称,用以调节车内的温度、湿度、气流速度、空气洁净度等空气参数,为乘员提供清新舒适的车内环境。其主要有三大部分组成:制冷系统、供暖系统、送风系统,如图 5-17 所示。

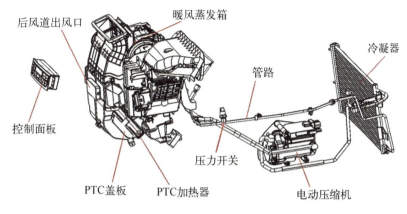

图 5-17 空调系统组成

(二) 空调系统的功能

1. 制冷

电动汽车空调的制冷系统与传统汽车基本相同,主要由一体化压缩机、冷凝器、膨胀阀、蒸发器和储液干燥器等五大部件组成,另外还增加了电气系统的空调驱动器,如图 5-18 所示。电动汽车已不再安装内燃机,或主要不以发动机作为动力源,因此空调制冷所使用的压缩机大多已不能以发动机来驱动,而改由电动机来驱动。这种驱动方式取消了传统的外驱式皮带轮,电动机一般与压缩机组装为一体,形成全封闭的结构。

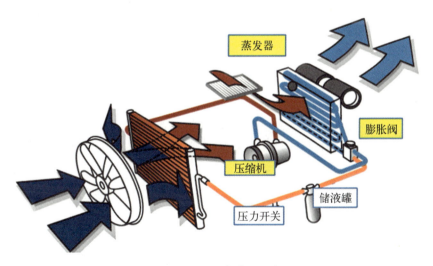

图 5-18 制冷系统组成

2. 送风

空调送风系统主要由鼓风机、风道、风门和出风口等组成,如图 5-19 所示。作用是空气通过蒸发器和加热器形成冷风或暖风和风速,并根据驾驶人的需求输送到指定出风口。

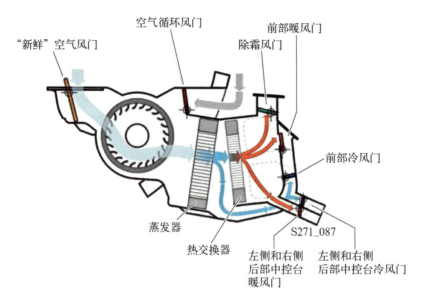

图 5-19 空调送风系统

3. 制热

制热系统是将车外新鲜空气引入到热交换器,吸收其中某种热源的热量,从而提高空气的温度,并将热空气送入车内,达到人体保暖和车窗玻璃除霜的目的。新能源汽车按热源形式的不同大致分为热水式暖气装置、燃烧式暖气装置、综合预热式暖气装置和 PTC 加热式暖气装置。几种加热方式的优劣如表 5-1 所示,目前新能源车型使用较多的是 PTC 加热式(图 5-20)。

表 5-1 不同加热方式的优劣比较

产热方式	优势	不足
散热部件余温	无能源损失,不影响动力电池	需散热部件工作后才能产生热量,电动汽车散热部件温度相对较低,不能满足制暖需求
燃油加热器	不影响动力电池	由于消耗燃料,加热时间受限制,有燃烧废气排放;明火燃烧,安全防护措施需到位
PTC 电加热(包括PTC 加热水)	发热速度快,温度高(可控)	耗电功率大,需 2 kW 以上,对车辆续航能力有较大影响。PTC 本体由于温度相对较高,需周边结构件配合为其提供空间,以防止塑料件受热变形,同时 HVAC 内海绵及润滑脂易因高温产生异味

图 5-20 PTC 加热式加热器

二、空调系统维护

(一) 准备工作

1. 专用工具的准备(图 5-21)

空调系统维护

(1) 检修仪器，如汽车故障诊断仪、空调真空泵。

(2) 常用仪表，如空调压力表、制冷剂测漏仪等。

(3) 常用工具，如螺丝刀、扳手等，这些常用工具必须有绝缘措施。

(4) 常用物料，如绝缘胶带、扎带等。

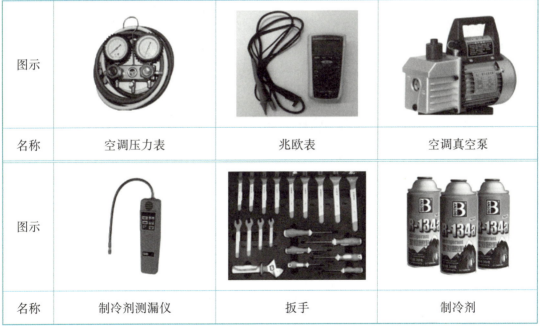

图示			
名称	空调压力表	兆欧表	空调真空泵
图示			
名称	制冷剂测漏仪	扳手	制冷剂

图 5-21 专用工具

2. 个人防护

（1）佩戴绝缘手套。

（2）穿防护鞋、工作服等。

（3）手腕、身上不能佩戴金属物件，如金银手链、戒指、手表、项链等物品。

（二）操作步骤

空调的维护，即通过对汽车空调系统的定期检查和调整，以维持其良好的技术状态和工作可靠性。为了确保汽车空调能良好运行，发挥其应有作用，定期对空调维护是非常重要的。

新能源汽车空调系统工作过程

1. 检查空调控制面板功能

（1）按下风量调节旋钮，检查风量是否和调节相符合。

（2）按下内外循环按钮，观察空调能否进行内、外循环模式的切换。

（3）按模式开关，根据仪表屏上的出风模式检查各出风口是否正常工作。

（4）分别按下前后风窗玻璃除霜按钮，检查出风口是否正常工作。

2. 检查空调滤清器

汽车空调滤清器能够过滤从外界进入车厢内部的空气，使空气的洁净度提高。一般的过滤物质是指空气中所包含的杂质，如微小颗粒物、花粉、细菌、工业废气和灰尘等。

空调滤清器的效果是防止这类物质进入空调系统对其造成破坏，给车内驾乘人员良好的空气环境，保护车内人员的身体健康，此外，还可以防止玻璃雾化。

对空调滤清器进行检查时，应检查空调滤清器是否过脏，风速是否正常，确保空调滤清器清洁、通风良好，无霉无菌。

下面以比亚迪 E5 轿车为例，介绍更换空调滤清器步骤。

（1）空调滤芯在前排乘员搁脚处上方位置。

（2）两边用力，向里挤压，放倒杂物箱，两边一扣即可取出滤清器。

（3）空调滤清器一般更换周期是 12 000 km 换一次。

（4）如果滤芯肮脏，则从反面吹压缩空气来清洁，离滤芯 5 cm 远，握住气枪，以 500 kPa 的压力吹大约 2 min。

（5）安装空调滤清器时需要注意安装方向，白色向上。

3. 检查风道通风装置

检查风道是否过脏或有异响情况，确保风道清洁、通风良好、无异物。

4. 高压电动压缩机的检查

主要检查进、排气压力是否符合要求，各紧固件是否松动，是否漏气等。

5. 冷凝器及其冷凝风扇的检查

检查冷凝器表面有无污物、泥垢，散热片是否弯曲或有阻塞现象。如发现冷凝器表面脏污，应及时用压缩空气或清水清洗干净，以保持冷凝器有良好的散热条件。防止冷凝器因散热不良而造成冷凝压力和温度过高。在清洗冷凝器的过程中，应注意不要把散热片碰倒，更不能损伤制冷管道。

6. 蒸发器的检查与维护

一般应每年用检漏仪进行一次检漏作业，每2～3年应对蒸发器内部进行清扫，清除送风通道内的杂物。

7. 干燥器的更换

汽车空调在正常使用情况下，一般每3年左右更换一次干燥器，如因使用不当使系统进入水分后应当及时更换。

8. 膨胀阀的维护

检查其动作是否正常，开度大小是否合适，如不正常应更换或做适当调整。

9. 制冷系统管路的维护

每年检查一次，并用检漏仪检查其密封情况，检查软管是否有老化、裂纹现象，一般每3～5年更换一次软管。

10. 冷冻机油的更换

冷冻机油一般每2年左右检查或更换，对于管路有较大泄漏时，应及时检查或补充冷冻机油。

11. 安全装置的检查与更换

高压开关、低压开关、温控开关等是关系到空调系统是否能安全、可靠地工作的安全装置，一般应每季检查一次，每5年更换一次。

12. 检查电路线束

（1）检查线束及插接件连接处是否对插到位，有无松动、破损、腐蚀等问题。若未达到要求，则修复或更换。

（2）检查插接件线束波纹管有无破损。若有，则修复或更换。

13. 检查与维护暖风系统

打开空调A/C开关，按下内外循环按钮，再按下"温度＋"按钮，如图5-22所示，制热功能启动,空气通过 PTC 加热从仪表板通风口输出。暖风功能打开几分钟后,检查吹出的风有无焦煳味。

图 5-22 大众 ID.4 空调控制面板

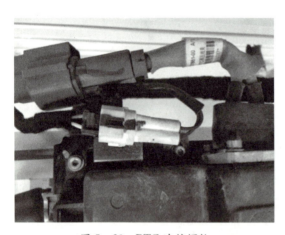

图 5-23 PTC 连接螺栓

14. 检查 PTC 连接螺栓

检查 PTC 螺栓连接是否紧固,确认拧紧力矩是否符合要求。若不符合,则进一步拧紧到维修手册上要求的力矩,如图 5-23 所示。

15. 检查 PTC 绝缘性

电动汽车的空调取暖系统 PTC 加热器需要高压部件,需要检查 PTC 正、负极的绝缘性是否符合技术要求。以大众 ID.4 为例,检查方法如下:在高低压断电及电容放电后,根据高压电控总成接口所示,用数字绝缘测试仪在 DC500 V,测试 PTC 正、负极与车身之间的绝缘电阻是否大于 500 MΩ,若未达到,则必须更换。

一、实训场地和器材

新能源汽车作业工位、新能源汽车整车。

二、作业准备

(1)布置新能源汽车作业工位及场地。

(2)检查举升机、工具等。

(3)安装车辆内外防护套件。

三、操作步骤

(1)空调系统真空处理:关闭压力表上的所有手动阀门,包括高压和低压阀门,然后对系统进行真空处理。

(2)连接制冷剂罐:将软管连接到氟罐的注入阀门接头上,打开制冷剂罐,稍微拧开压力表软管的螺母释放部分气体后关闭。

(3)打开高压侧阀门:将高压侧的手动阀打开,并确保制冷剂罐处于倒立状态。

(4)加注制冷剂:按照规定量注入液态制冷剂,并在完成后关闭制冷剂的注入阀门和高压手动阀门。

(5)系统检查:加注完成后,对空调系统进行全面检查,确保其正常运转。

整理、恢复作业场地。

小组讨论并汇总空调系统的检查顺序、检查项目及具体内容,并将小组成员做得不到位的地方进行记录。

_____
_____
_____
_____
_____

 任务评价

加注库空调制冷剂考核评分标准

序号	作业项目	考核内容	配分	评分标准	评分记录	得分
1	安全操作	能按要求完成安全操作	20	1. 能进行设备和工具安全检查(5分) 2. 能进行车辆安全防护操作(5分) 3. 能进行工具清洁、校准、存放操作(5分) 4. 能进行"三不落地"操作(5分)		
2	空调检查顺序	能按流程进行空调系统检查	10	能按流程进行空调系统检查(10分)		
3	空调系统检查内容	能采用正确步骤进行空调系统检查	40	1. 能正确检测制冷剂的液位(10分) 2. 能正确对空调系统进行检测(10分) 3. 能正确对空调系统进行调节(20分)		
4	资料使用及工单填写	能正确使用维修手册并填写工单	15	1. 正确使用维修手册查询资料(5分) 2. 能够正确查询线束插接器端子的含义(5分) 3. 正确填写工单,字迹清晰(5分)		
5	工具使用及现场6S管理	能正确使用工具并按6S管理要求进行	15	1. 正确使用制冷剂液位检测仪(10分) 2. 现场6S管理(5分)		
6	分数总计		100			

一、填空题

1. 新能源汽车空调系统的功用包括_____、_____、_____。
2. 新能源汽车空调系统三大部分组成分别为_____、_____、_____。

二、选择题

1. 高压开关、低压开关、温控开关等是关系到空调系统是否能安全、可靠地工作的安全装置，一般应每季检查一次，每（　　）年更换一次。

 A. 1年　　　　　B. 2年　　　　　C. 3年　　　　　D. 5年

2. 下列不属于新能源汽车空调系统检查维护工具的是（　　）。

 A. 制冷剂测漏仪　　B. 扳手　　　　C. 制冷剂　　　　D. 绝缘手套

三、简答题

1. 请简述新能源汽车检查空调控制面板功能的步骤。

2. 请简述新能源汽车空调系统更换空调滤清器的步骤。

参考文献

[1] 王亮.新能源汽车使用与维护[M].北京：电子工业出版社,2023.

[2] 李晶华,李穗平.新能源汽车使用与维护[M].北京：机械工业出版社,2018.

[3] 焦传君,何英俊.新能源汽车使用与维护[M].北京：机械工业出版社,2019.

[4] 胡敏艺,蒋光辉.新能源汽车使用与维护[M].北京：机械工业出版社,2022.

[5] 周定武,赵建明.新能源汽车维护[M].北京：机械工业出版社,2023.

[6] 袁兆鹏,徐夕玲,杨荣华.新能源汽车维护与保养[M].北京：中国人民大学出版社,2022.

[7] 杨小刚.新能源汽车维护与保养[M].北京：北京理工大学出版社,2020.

[8] 蔡晓兵,樊永强.新能源汽车维护与保养[M].北京：机械工业出版社,2020.

[9] 孙建俊,谭逸萍.新能源汽车高压安全防护与应急处理[M].北京：机械工业出版社,2022.

[10] 宋丽敏,陈娜娜.新能源汽车维护及故障诊断[M].北京：化学工业出版社,2024.

[11] 黄辉镀,胡军钢.新能源汽车维护[M].北京：人民交通出版社,2021.